Kürbis

KARIN MESSERLI

Kürbis

DIE BESTEN REZEPTE

Weltbild

Genehmigte Lizenzausgabe für Verlagsgruppe Weltbild GmbH,
Steinerne Furt, 86167 Augsburg

Fotos: Trnka, Zürich
Umschlaggestaltung: Atelier Seidel – Verlagsgrafik, Teising
Umschlagmotiv: ©StockFood.com/Carriere, James
Gesamtherstellung: TYPOS, tiskařské závody, s.r.o., Plzeň
Printed in the EU

978-3-8289-1303-5

2010 2009 2008
Die letzte Jahreszahl gibt die aktuelle Lizenzausgabe an.

Einkaufen im Internet:
www.weltbild.de

Inhalt

Vorwort

Kürbis im Trend? Zum Glück. Vor etwa zwölf Jahren tauchten die ersten orangefarbenen Riesen auf. Sie wurden schnitzweise verkauft, mit einem grossen Anteil an Kernen und Fasern. Und was übrig blieb, landete in Suppen, allenfalls im Einmachglas. Süss-sauer. Keine kulinarischen Höhenflüge also. Eher etwas für Nostalgiker. Bis alte Sorten neu entdeckt wurden. Vielfarbig, skurril geformt, genoppt, aus aller Welt und mit klingenden Namen, wie Jarrahdale, Marina di Chioggia, Hubbard – ihr Comeback ist experimentier- und reisefreudigen Produzentinnen und Produzenten zu verdanken.
Das Angebot ist heute überwältigend. Grosse und kleine Unterschiede sind auf den ersten Blick zu erkennen. Um die feinen Nuancen zu geniessen, muss man zu kochen beginnen. Und stellt dann fest, dass Kürbis nicht einfach Kürbis ist. Eine Auswahl der essbaren Varietäten finden Sie im Kapitel Warenkunde, in drei Gruppen eingeteilt:
Cucurbita pepo – die reifen Ausnahmen, die zu den feinsten Kürbissen zählen: Sie sind roh ein Genuss, geröstet und rührgebraten eine Delikatesse. Sie sind angenehm süss und wachsen in Single- oder Tête-à-tête-Portionen.
Cucurbita maxima – von klein bis sehr gross: Das Fleisch dieser Sorten ist feinfaserig, leicht mehlig, nicht süss. Sie sind zum Braten, Backen, für Püree (Suppen, Pies) und Eingemachtes geeignet.
Cucurbita moschata – die langen und kugelrunden: Ihr Fleisch ist cremig bis butterzart, nussig-honigfein bis spaghettigleich. Bei optimaler Lagerung halten sie bis zur nächsten Ernte.

Kürbis – nur ein Trend? Nein – diesmal nicht. Kürbisse sind aus dem Wintergemüseangebot nicht mehr wegzudenken. Sie sind mehr als nur eine nostalgisch-kulinarisch-farbige Abwechslung. Sie gehören zu den Elitezutaten der «World Cuisine». Die Rezepte in diesem Buch laden zu einer Reise rund um den Kürbis und rund um den Globus ein.

Karin Messerli

Kürbisse können grob in Sommer- bzw. Herbst- und Winterkürbisse eingeteilt werden.

Sommer-/Herbstkürbisse – *Cucurbita pepo* – werden, mit einigen Ausnahmen, unreif geerntet (Spaghettikürbis kann sowohl reif wie unreif verwendet werden): Die Schale ist zart und kann meistens mitgegessen werden. Sie brauchen weder entkernt noch von Fasern befreit zu werden. Sie sind sehr wasserhaltig und deshalb nur kurz haltbar. Dazu gehören etwa Zucchini, Pâtisson, Kugelzucchini.

Winterkürbisse – *Cucurbita maxima* und *moschata* – sind am besten in reifem Zustand. (Eine Ausnahme bildet der Butternut, der in beiden Stadien verwendet werden kann.) Die Schale ist fest bis hart, glatt bis genoppt, mit Rippen und von goldorange-grau über graublau bis schwarz oder cremefarben. Der Stiel ist abgetrocknet. Das Fleisch ist dicht, trocken bis mehlig und sehr aromatisch. Sie sind untereinander austauschbar – mit Testen und Experimentieren findet man seinen Lieblingskürbis. Ausgereift sind Winterkürbisse lange haltbar.

Cucurbita pepo

Reife Ausnahmen

Acorn

Golden Acorn
Table Queen
White Swan/Cream of the Crop

• Äussere Merkmale: Bis 1 kg, feste, glatte Schale, erdbeerförmige Früchte mit Längsrippen, orange bis grün und eierschalenfarben.

Acorn

• Kocheigenschaften: Fleisch sehr feinfaserig und gelborange, leicht süss mit Nuss-Honig-Zimt-Geschmack.

• Verwendung: Zum Braten, Backen, Füllen, für Püree (Suppen), Gemüsemischungen und roh für Salate.

• Bemerkung: Gute Grösse, kein grosser Rüstaufwand. Kann im kühlen Keller längere Zeit gelagert werden. Der Geschmack wird durch das Lagern verbessert.

Spaghettikürbis/Spaghetti Squash/ Vegetable Squash «Pyjama», gestreift

• Äussere Merkmale: 1–3 kg, feste, glatte Schale, ovallängliche Früchte, unreif weisslichgrün mit weicher Schale und kleinen Kernen, reif weiss bis gelb, die Schale wird hart und kräftig-gelb.

• Kocheigenschaften: Das Fleisch lässt sich nach dem Kochen spaghettiähnlich lockern; hellgrün bis goldgelb, muss im unreifen Stadium weder geschält noch entkernt werden.

• Verwendung: Zum Braten, für Püree (Suppen), Gemüsemischungen und Gratins.

Spaghettikürbis

• Bemerkung: Vielseitig; die kalorienärmsten Spaghetti! Im kühlen Keller bis zu 12 Monaten haltbar und zum Essen immer noch ausgezeichnet.

Pumpkin/Halloween-Pumpkin
Connecticut Field
Ghostrider
Happy Jack
Jack O'Lantern
New England Pie/Small Sugar

• Äussere Merkmale: Bis 10 kg, feste, glatte Schale, fein gerippte, runde oder ovale Früchte, orange bis grün.
• Kocheigenschaften: Einige sind zum Kochen geeignet, die meisten werden zum Dekorieren (Halloween) verwendet.
• Verwendung: Für Püree (Suppen, Pies), Konfitüren und Chutney.
• Bemerkung: Nicht lange haltbar.

Jack-be-Little/Munchkin
Baby Boo
Pomme d'Or
• Äussere Merkmale: Klein, feste, glatte Schale, fein gerippte, kugel- bis flachrunde Früchte, goldorange und cremefarben.
• Kocheigenschaften: Fleisch fein, ähnlich Süsskartoffeln.
• Verwendung: Zum Braten (wie Kartoffeln), Backen, Füllen und für Gemüsemischungen.
• Bemerkung: Grosser Rüstaufwand, kleiner Ertrag.

Halloween-Pumpkin

Baby Boo/Pomme d'Or

Kumikuri

Sweet Dumpling/Delicata

Kumikuri/Mongogo du Guatemala

- Äussere Merkmale: 2–4 kg, mittelgross, feste, glatte Schale mit Längsrippen, grüngelb gestromt.
- Kocheigenschaften: Fleisch feinfaserig, Kerne ausgezeichnet.
- Verwendung: Zum Braten, Backen, Füllen, für Püree (Suppen) und Gemüsemischungen.
- Bemerkung: Junge Früchte schmecken sehr gut. Zum Lagern ausgereift pflücken, bis zu 12 Monaten haltbar.

Delicata
Sweet Dumpling/Chestnut Dream

- Äussere Merkmale: Klein, lang oder rund, feste, glatte Schale mit Längsripppen, cremefarben mit grünen Streifen.
- Kocheigenschaften: Fleisch fein, leicht mehlig, ähnlich Süsskartoffeln.
- Verwendung: Zum Braten, Backen, Füllen, für Püree (Suppen), Gemüsemischungen und roh für Salate.
- Bemerkung: Delicata ist sehr fein.

Cucurbita maxima

Gross und klein

Hubbard, gross

Blue Hubbard
Black Hubbard
Green Warted Hubbard
Golden Hubbard

Hubbard, klein

Orange Hokkaïdo
Red Kuri/Red Hokkaïdo
Baby Red Hubbard
Blue Ballet

- Äussere Merkmale: 2–10 kg, feste, glatte bis genoppte Schale, tropfenförmig, blaugrau bis grünschwarz und gelborange bis dunkelorange.
- Kocheigenschaften: Fleisch feinfaserig und dunkelgelb, aromatisch bis nussig, leicht mehlig, nicht sehr süss.
- Verwendung: Zum Braten, Backen, für Püree (Suppen, Pies) und Konfitüren.
- Bemerkung: Wunderbarer Kürbis, kann im kühlen Keller bis in den Frühling gelagert werden. Das Zerkleinern braucht Kraft.

Hubbard

Rouge Vif d'Etampes/Etampes Rouge/Cinderella/Roter Zentner Potimarron/Red Hokkaïdo/Oranger Knirps, auch in grün

- Äussere Merkmale: Rouge Vif d'Etampes bis 6 kg, feste, glatte Schale, intensiv-orange, flachrunde, gerippte Frucht. Potimarron bis 4 kg, feste Schale.
- Kocheigenschaften: Fleisch feinfaserig, süsslich, an Kastanien erinnernd.
- Verwendung: Zum Braten, Backen, für Püree (Suppen, Pies), Konfitüren und roh für Salate.
- Bemerkung: Rouge Vif sind dekorativ – zum Aushöhlen und Anrichten verwenden. Ein Potimarron reicht für eine Suppe zu zweit. Kann im kühlen Keller 2–3 Monate gelagert werden.

Pink Banana/Pink Jumbo Banana Brodée Galeuse/Giraumon Galeux d'Eysines

- Äussere Merkmale: Pink Banana, bis 25 kg, hellpinkfarbene Schale, ellipsenförmig. Brodée Galeuse, 5–10 kg, hellpinkfarbene Schale mit erdnussähnlichen Noppen, die mit zunehmendem Wachstum den ganzen Kürbis überziehen.
- Kocheigenschaften: Fleisch orangefarben, feucht, aromatisch, gute Qualität.
- Verwendung: Zum Braten, für Püree (Suppen) und Gemüsemischungen.
- Bemerkung: Kräftig würzen. Bei hoher Hitze rührbraten, kurze Kochzeit.

Potimarron/Rouge Vif d'Etampes

Pink Banana/Brodée Galeuse

Marina di Chioggia

Triamble/Flat White Boer/Bleu de Hongrie

Marina di Chioggia, grün, genoppt
Marina di Chioggia, grau, glatt

• Äussere Merkmale: Bis 5 kg, graue, glatte bis dunkelgrüne, genoppte Schale, dicker, verholzter Stiel.

• Kocheigenschaften: Fleisch fest und trocken, curryfarben mit grünem Ton, mehlig-süss, an Kastanien erinnernd.

• Verwendung: Zum Braten, Backen, für Püree (Ravioli, Suppen, Pies) und Süsses.

• Bemerkung: Von den süssen Kürbissen der beste. Kann im kühlen Keller bis in den Frühling gelagert werden. Das Zerkleinern braucht Kraft.

Triamble/Tristar
Bleu de Hongrie
Flat White Boer
Jarrahdale

• Äussere Merkmale: Triamble bis 4 kg, hellgraue, glatte Schale, besteht (wie der Name sagt) aus drei «Schnitzen». Bleu de Hongrie bis 5 kg, bläulich graue, glatte Schale. Flat White Boer bis 6 kg, flachrunde Frucht, weisse, glatte Schale, dicker, verholzter Stiel. Jarrahdale bis 6 kg, herzförmig, weisse, glatte Schale, verholzter Stiel.

• Kocheigenschaften: Fleisch fest und trocken, curry- bis orangefarben, leicht mehlig, süsslich (karottensüss).

• Verwendung: Zum Braten, Backen, für Püree (Ravioli, Suppen, Pies), asiatische Gerichte und Süsses.

• Bemerkung: Wunderbare Qualität, problemlose Verarbeitung, gute Lagerfähigkeit.

Cucurbita moschata

Lang und kugelrund

Butternut
Butternut, gestreift
Ponca

• Äussere Merkmale: 200 g–2 kg, feste, glatte bis genoppte Schale, birnenförmig (Kalebassen), unreif beige-grünlich mit weicher Schale.

• Kocheigenschaften: Fleisch fein, hellorange, cremig-butterig, nicht sehr süss, wenig Kerne.

• Verwendung: Zum Braten, Backen, für Püree (Suppen, Pies), asiatische Gerichte und roh für Salate.

Butternut/Ponca

• Bemerkung: Wunderbarer Kürbis, kann im kühlen Keller bis in den Frühling gelagert werden. Das Zerkleinern ist einfach. Der Geschmack wird durchs Lagern verbessert.

Rondini/Little Gem
• Äussere Merkmale: 250 g, harte, glatte, dunkelgrüne Schale, kugelrund.
• Kocheigenschaften: Fleisch hell, wenig Kerne.

Rondini/Little Gem

Musquée de Provence

• Verwendung: Zum Füllen und Schmoren.
• Bemerkung: Zucchiniähnlich.

Musquée de Provence/Muscade de Provence
• Äussere Merkmale: 5–10 kg, feste, glatte, dunkelgrüne Schale, flachrunde, gerippte Frucht, mit zunehmender Reife gelblich-ockerfarben.
• Kocheigenschaften: Fleisch feinfaserig, hell- bis intensiv-orange, nicht sehr süss, leicht nach Muskatnuss schmeckend.
• Verwendung: Zum Braten, Backen, für Püree (Suppen, Pies) und Konfitüren.
• Bemerkung: Beliebter Kürbis. Wird schnitzweise angeboten. Muss unbedingt reif sein.

Black Rinded Futsu
• Äussere Merkmale: Bis 1,5 kg, sandgraue, genoppte Schale mit Längsrippen, kugelrunde Frucht, langer, getrockneter Stiel.
• Kocheigenschaften: Fleisch feinfaserig, fest und orangefarben, ausgezeichnete Qualität, nussig-süss.

Black Rinded Futsu

• Verwendung: Zum Braten, Backen, für Püree (Suppen) und asiatische Gerichte. Bemerkung: Dekorativ, gute Lagerfähigkeit.

Pleine de Naples/Courge de Naples
• Äussere Merkmale: Bis 25 kg, feste, glatte, sandgrün gemusterte Schale, mit zunehmender Reife gelblich-ockerfarben, Form einer Violine, bis 60 cm lang.
• Kocheigenschaften: Fleisch festfaserig, intensiv-orange, leicht süss-aromatisch, eher nass-gurkig.

Pleine de Naples

• Verwendung: Zum Braten, Backen, für Püree (Suppen), Gratins, Gemüsemischungen und Konserven.
• Bemerkung: Wird scheibenweise verkauft, kein grosser Rüstaufwand. Gute Lagerfähigkeit.

Kürbiskerne

Die bekannten grünen Kürbiskerne sind im Inneren des Ölkürbisses «Herakles» versteckt. Aus ihnen wird auch das dunkelgrüne Kürbiskernöl gewonnen. Vor allem für Salate und zum Dünsten verwenden.

Kürbisblüten

• Äussere Merkmale: Männliche Blüten sind grösser, die weiblichen zierlich mit kleinem Fruchtansatz. Zum Füllen die grösseren verwenden. Beim Pflücken einige männliche Blüten stehen lassen (um die Fortpflanzung zu gewährleisten).
• Verwendung: Zum Füllen, Braten und Garnieren.

Zierkürbis

Äussere Merkmale: Die meisten gehören zur Gruppe *Cucurbita pepo,* wenige zu *Cucurbita maxima.* Einige schmecken auch gut, z.B. Jack-be-Little, Baby Boo und Turk's Turban. Grosse Formen- und Farbenvielfalt.

Masseinheiten

Wo nicht anders angegeben, sind die Rezepte für 4 Personen berechnet.

EL	Esslöffel, gestrichen voll
TL	Teelöffel, gestrichen voll
ml	Milliliter (100 ml = 10 cl = 1 dl)
50 ml/0,5 dl	ca. 3–4 EL
100 ml/1 dl	ca. 6–7 EL
1 Ei	ca. 52 g
1 grosses Ei	ca. 65 g
Kürbiswürfel Kürbisschnitze Kürbispüree	Die Mengenangabe bezieht sich auf den geschälten/geschnittenen oder gekochten Kürbis (gut abgetropft).
Sortenangabe	Mit den angegebenen Sorten sind gute Resultate garantiert – Ausprobieren ist aber selbstverständlich erlaubt, ausser wo ausdrücklich süss-mehlige Sorten verlangt werden.

Schneiden

Würfel und Schnitze zum Rührbraten, Schmoren, Dämpfen im Sieb

– Kleine Kürbisse halbieren, grosse in Schnitze schneiden. Hartschalige Kürbisse mit Hilfe eines grossen Küchenmessers und eines Holzhammers auseinanderbrechen.
– Schale mit einem scharfen Messer oder dem Sparschäler wegschneiden.
– Kerne samt Fasern mit einem grossen Löffel entfernen.
– Das Fleisch mit Salz bestreuen und Saft ziehen lassen, trockentupfen.
– In Würfel, Schnitze o.ä. schneiden.

Aushöhlen zum Anrichten, Füllen

– Im oberen Drittel einen Keil herausschneiden.
– Kerne samt Fasern mit einem grossen Löffel entfernen.
– Für Suppen das Fleisch bis auf 1–3 cm Rand herauslösen.
– Kürbis im 200 Grad warmen Backofen heiss werden lassen (nicht weich, damit die Suppe darin angerichtet werden kann).

Braten und Dämpfen

Braten im Backofen

– Kleine Kürbisse halbieren, grosse in dicke Schnitze schneiden.
– Schale daranlassen.
– Kerne samt Fasern mit einem grossen Löffel entfernen.
– Das Fleisch mit Salz bestreuen und Saft ziehen lassen, trockentupfen.
– Schnittflächen leicht ölen, nach unten auf ein mit Folie belegtes Blech legen, in der Mitte des 200–220 Grad warmen Backofens knapp weich braten.

Dämpfen im Backofen

– Kleine Kürbisse halbieren, grosse in dicke Schnitze schneiden.
– Schale daranlassen.
– Kerne samt Fasern mit einem grossen Löffel entfernen.
– Mit Schnittflächen nach oben auf ein mit Folie belegtes Blech legen, Wasser 1–2 cm hoch hineingiessen, in der Mitte des 200–220 Grad warmen Backofens knapp weich dämpfen.

Dämpfen im Sieb

– Kürbiswürfel oder -schnitze im Dampfkörbchen zugedeckt weich garen.

Pürieren

Für Suppen, Pies, Quiches, süsse Gerichte

– Kürbiswürfel oder -schnitze im Dampfkörbchen zugedeckt weich garen.

– Mit dem Mixer pürieren und in einem Sieb abtropfen lassen (vor allem für Füllungen).

Oder:

– Kürbisschnitze samt Schale im Backofen weich dämpfen.

– Fleisch aus der Schale lösen, durch die Kartoffelpresse oder das Passiergerät drücken.

Tiefkühlen

Für Suppen, Gemüsemischungen

– Rohe Kürbiswürfel oder -schnitze in Tiefkühlbeutel verpacken. Festfleischige Kürbisse sind am besten geeignet. Die Kochzeit verkürzt sich dadurch.

Für Pies, Suppen, Füllungen

– Püree frisch zubereiten, abgetropft und ausgekühlt in Dosen oder Tiefkühlbeutel verpacken.

Lagern

– Kürbis ausgereift samt Stiel ernten: Sorgfältig vorgehen, so dass weder Stiel noch Schale beschädigt werden (dies beeinträchtigt die Haltbarkeit, weil sie an diesen Stellen leicht Schimmel ansetzen). Einigen Sorten bekommen ein paar kühle Herbsttage gut – sie werden süsser im Geschmack.

– Dann 2–3 Tage an einem warmen Ort, z.B. draussen in der Sonne, trocknen lassen.

– Auf Verpackungsmaterial (mit möglichst grossen Luftkammern) in einen luftigen, kühlen Keller stellen.

– Regelmässig kontrollieren und mehrmals wenden. 6–12 Monate haltbar.

Kürbiskonfitüre

Für 3–4 Gläser von je ½ l Inhalt

1 kg Kürbiswürfel (Küchenpraxis Seite 15), z.B. Musquée de Provence, Hubbard, Oranger Knirps, Rouge Vif d'Etampes, Pleine de Naples
3 unbehandelte Zitronen oder Blondorangen, in Schnitze geschnitten
100 ml Wasser
750 g Gelierzucker

• Den Kürbis mit den Zitronen- oder Orangenschnitzen und dem Wasser zugedeckt bei mittlerer Hitze 20–30 Minuten köcheln lassen.
• Den Gelierzucker unter Rühren einrieseln lassen. Aufkochen, kräftig rühren und 5–10 Minuten sprudelnd einkochen lassen. Gelierprobe machen.
• Die Konfitüre in gut gereinigte, vorgewärmte Gläser füllen. Luftdicht verschliessen.

Kürbismarmelade

Für 4 Gläser von je ½ l Inhalt

250 g ungeschwefelte getrocknete Aprikosen
½ l Wasser
1 kg Kürbiswürfel (Küchenpraxis Seite 15), z.B. Musquée de Provence, Hubbard, Oranger Knirps, Rouge Vif d'Etampes, Pleine de Naples
2 Vanillestengel, aufgeschlitzt
1 Zitrone, Saft
750 g Gelierzucker

• Die getrockneten Aprikosen in siedendem Wasser einweichen und über Nacht quellen lassen. Das Einweichwasser abgiessen und auffangen.
• Den Kürbis im Einweichwasser zugedeckt 30 Minuten weich kochen. Pürieren und in den Topf zurückgeben.
• Die Aprikosen, die Vanillestengel, Zitronensaft und Gelierzucker beifügen. Aufkochen, kräftig rühren und 20–30 Minuten sprudelnd einkochen lassen. Gelierprobe machen.
• Die Marmelade in gut gereinigte, vorgewärmte Gläser füllen. Luftdicht verschliessen.

Confiture citronelle

Für 2 Gläser von je ½ l Inhalt

750 g Kürbiswürfel (Küchenpraxis Seite 15), z.B. Musquée de Provence, Hubbard, Oranger Knirps, Rouge Vif d'Etampes, Pleine de Naples, Pink Banana
500 g Zucker
3 Vanillestengel, aufgeschlitzt
3 grosse Zitronengrasstengel, längs halbiert
4–6 Kaffirlimettenblätter
1 Stück Ingwerwurzel, gerieben

• Den Kürbis mit den restlichen Zutaten in einer weiten, flachen Pfanne zugedeckt über Nacht ziehen lassen.
• Aufkochen, kräftig rühren und 40 Minuten sprudelnd einkochen lassen. Gelierprobe machen.
• Die Gewürze entfernen und die Konfitüre in gut gereinigte, vorgewärmte Gläser füllen. Luftdicht verschliessen.

Confiture citronelle und Kürbisbrot (Rezept Seite 64)

Eingelegter Kürbis mit Mandeln

Für 2 Einmachgläser von je ¾ l Inhalt

1,2 kg Kürbiswürfel (Küchenpraxis Seite 15), z.B. Musquée de Provence, Hubbard, Oranger Knirps, Rouge Vif d'Etampes, Pleine de Naples, Pink Banana, Jarrahdale
2 EL Zucker
1 TL feines Meersalz
150 g geschälte Mandeln

Sud:
½ l Apfelwein oder Weisswein
½ l Apfel- oder Weissweinessig
2 Zimtstengel
2 Nelken
4–6 Pimentkörner (Nelkenpfeffer)
1 Stück Ingwerwurzel, in Scheiben geschnitten
150 g ungeschwefelte getrocknete Aprikosen
50 g helle Sultaninen

- Den Kürbis mit Zucker und Meersalz bestreuen und Saft ziehen lassen. Gut gereinigte Gläser in einem Topf mit warmem Wasser vorwärmen.
- Für den Sud alle Zutaten in einer weiten, flachen Pfanne 5 Minuten köcheln lassen. Den Kürbis samt Saft beifügen und 10 Minuten ziehen lassen. Dann die Mandeln dazugeben und weitere 10 Minuten ziehen lassen.
- Die festen Zutaten mit einer Schaumkelle herausheben und drei Viertel hoch in die vorgewärmten Gläser füllen. Den Sud aufkochen und siedend heiss randvoll in die Gläser giessen. Sofort verschliessen. Im 80 Grad heissen Wasserbad 10 Minuten erhitzen (Kochzeit vom Moment an berechnen, wenn Bläschen im Glas aufsteigen). Die Gläser herausnehmen und zugedeckt auskühlen lassen.
- Passt zu Wild, Geflügel und Currys.

Süsssaurer Kürbis mit Feigen

Für 3 Einmachgläser von je ½ l Inhalt

750 g Kürbiswürfel (Küchenpraxis Seite 15), z.B. Musquée de Provence, Hubbard, Oranger Knirps, Rouge Vif d'Etampes, Pink Banana
500 g frische Feigen, in Viertel geschnitten

Sirup:
¾ l Weissweinessig
½ l trockener Weisswein
1 Stück Ingwerwurzel, in Scheiben geschnitten
4 frische Lorbeerblätter
300 g Rohzucker

- Den Kürbis in siedendem Salzwasser kurz blanchieren. Herausheben, kalt abschrecken und gut abtropfen lassen. Gut gereinigte Gläser in einem Topf mit warmem Wasser vorwärmen.
- Für den Sirup alle Zutaten bis auf den Zucker 10 Minuten köcheln lassen. In eine Schüssel giessen, den Kürbis und die Feigen beifügen, mischen. Zugedeckt bei Raumtemperatur 24 Stunden stehen lassen. Ein- bis zweimal rühren.
- Die Flüssigkeit abgiessen und auffangen. Mit dem Zucker unter Rühren aufkochen. Den Kürbis und die Feigen darin portionenweise knapp weich kochen. Ohne Sirup drei Viertel hoch in die Gläser füllen.
- Den Sirup etwas einkochen lassen und siedend heiss randvoll in die Gläser giessen. Sofort verschliessen. Im 80 Grad heissen Wasserbad 10 Minuten erhitzen (Kochzeit vom Moment an berechnen, wenn Bläschen im Glas aufsteigen). Die Gläser herausnehmen und zugedeckt auskühlen lassen.
- Passt zu Wild, Geflügel und Currys.

Eingelegter Kürbis mit Mandeln

Mostarda

Für 3 Einmachgläser von je ½ l Inhalt

750 g gemischte Früchte, z.B. Aprikosen, Reineclauden, Mirabellen, Birnen
750 g Kürbiswürfel (Küchenpraxis Seite 15), z.B. Musquée de Provence, Hubbard, Oranger Knirps, Rouge Vif d'Etampes, Pink Banana, Jarrahdale

Sirup:
600 ml Weissweinessig
600 ml trockener Weisswein oder frisch gepresster Apfelsaft
350 g weisser oder Rohzucker
1 Stück Ingwerwurzel oder Meerrettich, in Scheiben geschnitten
1 Zimtstengel
4 frische Lorbeerblätter
90–120 g gelbe Senfsamen

- Steinfrüchte je nach Grösse ganz lassen und mit einer Nadel rundum mehrmals einstechen. Sonst halbieren und entsteinen.
- Gut gereinigte Gläser in einem Topf mit warmem Wasser vorwärmen.
- Für den Sirup alle Zutaten bis auf die Senfsamen 5 Minuten köcheln lassen. Den Kürbis darin portionenweise knapp weich garen und die Früchte kurz in den leicht kochenden Sud tauchen. Ohne Sirup drei Viertel hoch in die Gläser füllen.
- Die Senfsamen zum Sirup geben, etwas einkochen lassen und siedend heiss randvoll in die Gläser giessen. Sofort verschliessen. Im 80 Grad heissen Wasserbad 10 Minuten erhitzen (Kochzeit vom Moment an berechnen, wenn Bläschen im Glas aufsteigen). Die Gläser herausnehmen und zugedeckt auskühlen lassen.
- Passt zu Bollito misto, Fleischfondues, Käsefondues und Currys.

Variante:
Früchte der Saison verwenden, z.B. Kirschen, Zwetschgen, Pflaumen, Melonen.

Kürbis-Chutney

Für 3 Einmachgläser von je ½ l Inhalt

450 g Kürbiswürfel (Küchenpraxis Seite 15), z.B. Musquée de Provence, Hubbard, Oranger Knirps, Rouge Vif d'Etampes, Pink Banana, Jarrahdale
450 g gemischte gewürfelte Früchte, z.B. Birnen, Äpfel, Pfirsiche
200 g helle und dunkle Sultaninen
100 g Ingwerwurzel, geschält, fein gehackt
450 g Zucker
300 ml Weissweinessig
1 TL Piment (Nelkenpfeffer)
½ TL Nelken
1 Stück Zimtstengel

- Den Kürbis zusammen mit den Früchten, Sultaninen, Ingwer, Zucker und Essig in eine weite Pfanne geben. Die Gewürze grob zerkleinern, in ein Stück Gaze binden und beifügen. Unter Rühren aufkochen. Bei kleiner Hitze 2 Stunden köcheln lassen, ab und zu rühren.
- Das Gewürzbeutelchen entfernen. Das Chutney in gut gereinigte, vorgewärmte Gläser füllen und luftdicht verschliessen.
- Passt zu Siedfleisch (Suppenfleisch), Beinschinken und grilliertem Fisch.

Scharfes Kürbis-Relish

600 g Kürbiswürfel (Küchenpraxis Seite 15), z.B. Butternut, Hubbard, Oranger Knirps, Rouge Vif d'Etampes, Pink Banana, Jarrahdale
3 Blondorangen
200 ml Wasser
200 g Zucker
¼–½ TL Chiliflocken
2 EL Balsamicoessig

- Den Kürbis mit Salz bestreuen und Saft ziehen lassen. Mit dem Sparschäler von den Orangen etwa 6 Streifen Schale abziehen. Kurz blanchieren, dann kalt abschrecken. Die Orangen schälen, die Schnitze zwischen den Trennhäutchen herausschneiden und dabei den Saft auffangen.
- Wasser, Zucker und Chiliflocken unter Rühren aufkochen. 10 Minuten köcheln lassen. Den Kürbis samt dem Saft und die blanchierten Orangenschalen beifügen und weich kochen. Auskühlen lassen.
- Die Orangenschnitze samt dem Saft dazugeben und sorgfältig darunter mischen. Mit Essig abschmecken. Zugedeckt 24 Stunden kalt stellen.
- Als Beilage (Sauce) zu Lamm und Geflügel servieren.

Tip:
Zugedeckt im Kühlschrank 2–3 Wochen haltbar.

Hummus mit Kürbis

100 g Kichererbsen, eingeweicht
¼ l Wasser
1 Noriblatt oder wenig Natron
je 1 TL Koriander-, Kreuzkümmel- und gelbe Senfsamen
Sesamöl zum Rösten
50 g Tahini (Sesampaste)
1 TL Meersalz
½–1 Zitrone, Saft
250–300 g Kürbispüree (Küchenpraxis Seite 16), z.B. Hubbard, Jarrahdale
Salz, Pfeffer
Korianderzweige

- Die Kichererbsen abgiessen. In frischem Wasser zusammen mit dem Noriblatt oder Natron zugedeckt weich garen. Das Kochwasser abgiessen und auffangen. Die Kichererbsen unter fliessendem Wasser aus den feinen Häutchen lösen (wie geröstete Haselnüsse zwischen den Händen reiben).
- Die Gewürze in Öl rösten, bis sie duften. Im Mörser fein zerstossen.
- Die Kichererbsen zusammen mit den Gewürzen, Tahini, Meersalz, Zitronensaft und 150 ml Kochwasser im Mixer pürieren. Das Kürbispüree beifügen, nach Bedarf von der restlichen Flüssigkeit dazugeben (es sollte Dip-Konsistenz haben). Mit Salz und Pfeffer abschmecken und mit Korianderblättchen bestreuen.
- Als Dip zu geröstetem Fladenbrot (Pain libanais) oder als Sauce zu grilliertem Lamm servieren.

Varianten:
Statt Kichererbsen rote Linsen verwenden. Sie brauchen nicht eingeweicht zu werden. Senfsamen durch Chiliflocken ersetzen.

Kürbissuppe mit Muscheln

Für 6–8 Personen als Vorspeise

1 Kürbis von ca. 25 cm Durchmesser, z.B. Musquée de Provence, Rouge Vif d'Etampes, Kumikuri, gewaschen
1 Karotte, geschält, fein geschnitten
2 weisse Zwiebeln, in Ringe geschnitten
1 Stengel Stangensellerie, fein geschnitten
Butter zum Dünsten
1 gelber Chili, entkernt, fein geschnitten
1 Stück Ingwerwurzel, geschält, fein gerieben
1 TL Kreuzkümmelsamen, geröstet, grob zerstossen
½ TL gemahlener Kardamom
1 Lorbeerblatt
1 Thymianzweig
2 mehlig kochende Kartoffeln, geschält, fein geschnitten
1,5–1,8 l Hühnerbouillon
¼ l Rahm oder Doppelrahm
Salz, Pfeffer
8–12 Neuseelandmuscheln (mit unterer Schalenhälfte), tiefgekühlt
Schnittlauch, in Röllchen geschnitten

- Vom Kürbis möglichst dicht unter dem Stielansatz, waagrecht einen Deckel wegschneiden. Beiseite stellen. Die Fasern samt den Kernen mit einem Löffel entfernen. Das Kürbisfleisch sorgfältig (am besten mit dem Grapefruitlöffel) herauskratzen. Dabei einen Rand von ca. 2 cm stehen lassen. Darauf achten, dass die Kürbisschale nicht beschädigt wird.
- Karotte, Zwiebeln und Stangensellerie in Butter andünsten. Die Gewürze und Kräuter beifügen und mitdünsten, bis sie duften. Das Kürbisfleisch und die Kartoffeln dazugeben, mischen. Mit Bouillon ablöschen und aufkochen. Bei kleiner Hitze köcheln lassen, bis Kürbis und Kartoffeln weich sind. Die Flüssigkeit wenn nötig abschäumen. Die Suppe pürieren, Rahm oder Doppelrahm nach und nach darunter rühren. Mit Salz und Pfeffer abschmecken.
- Die Muscheln in den ausgehöhlten Kürbis geben. Den Kürbis samt dem Deckel auf ein Blech setzen und 100 ml Wasser ins Blech giessen. In der Mitte des auf 200 Grad vorgeheizten Backofens erwärmen (nicht zu lange, damit der Kürbis nicht weich wird und zerfällt).
- Den Kürbis auf eine Platte setzen. Die Suppe darin anrichten, mit Schnittlauch bestreuen und sofort servieren.
- Dazu passt Ciabatta (italienisches Weissbrot).

Variante:
Zwiebeln durch gebleichten Lauch ersetzen.

Kürbissuppe mit Muscheln

Kürbissuppe mit Pappadam

Suppe:
ca. 1 kg Kürbisschnitze (Küchenpraxis Seite 15), z.B. Butternut, Marina di Chioggia, Jarrahdale, Delicata, Acorn
1–2 weisse Zwiebeln, in Ringe geschnitten
Kürbiskern- oder Pflanzenöl zum Dünsten
1 reife Birne, z.B. Conférence, geschält, in Würfel geschnitten
2–3 Knoblauchzehen, fein gehackt
½–1 EL Madras-Curry
ca. 800 ml Hühner-Consommé aus der Dose, ersatzweise Hühnerbouillon
100 ml trockener Weisswein
Salz, Pfeffer
125 g Crème fraîche oder Doppelrahm

Pappadam (Linsen-Cracker):
100 g Linsenmehl (in indischen Lebensmittelgeschäften erhältlich), ersatzweise grüne oder rote Linsen in einer Getreide- oder Nussmühle fein gemahlen
100 g Mehl
100 g Teigwarenmehl oder Dunst
1¼ TL Madras-Curry
1½ TL feines Meersalz
1 TL frisch gemahlener Pfeffer
200–220 ml Wasser, lauwarm
Olivenöl zum Bestreichen
Salz

- Für die Pappadam alle trockenen Zutaten mischen. Das Wasser dazugiessen, mischen und zu einem weichen Teig zusammenfügen. Auf wenig Mehl kurz kneten.
- Den Teig portionenweise mit immer kleinerem Walzenabstand durch die Nudelmaschine drehen. Auf wenig Mehl ausbreiten. Die Bänder mit dem Pizzaschneider jeweils in 2–3 Streifen schneiden. Nebeneinander auf ein mit Backpapier belegtes Blech geben. Mit Öl bestreichen und wenig Salz darüber streuen. In der Mitte des auf 220 Grad vorgeheizten Backofens 5 Minuten backen. Herausnehmen und auskühlen lassen.
- Für die Suppe den Kürbis im Backofen weich schmoren (Küchenpraxis Seite 15). Die Zwiebeln in Öl andünsten. Birnen, Knoblauch und Curry beifügen. Bei kleiner Hitze dünsten, bis die Zwiebeln weich sind. Den Kürbis (in Stücken oder püriert), die Consommé und den Wein dazugeben. 30–40 Minuten köcheln lassen, dann pürieren. Mit Salz und Pfeffer abschmecken.
- Kurz vor dem Servieren Crème fraîche oder Doppelrahm darunter ziehen. In vorgewärmten Suppenschalen anrichten. Cracker dazu servieren.

Tip:

Die Kürbissuppe 3–4 Tage im voraus zubereiten und zugedeckt im Kühlschrank aufbewahren. Die Cracker im voraus backen und in gut verschlossenen Dosen aufbewahren.

Kürbissuppe mit Crevetten

500 g Kürbiswürfel (Küchenpraxis Seite 15), z.B. Pink Banana, Jarrahdale
3 Bundzwiebeln samt Grün, fein gehackt
2 grosse, reife Tomaten, enthäutet, entkernt, in Würfel geschnitten
¼ l Rahm
¼ l Milch
Salz, Pfeffer

Fond:
1 kg Crevetten (mit Schale), frisch oder tiefgekühlt
150 g Butter
¾ l trockener Weisswein
½ l Wasser

• Für den Fond die Crevetten schälen. Bis zur Verwendung zugedeckt in den Kühlschrank stellen. Die Crevettenschalen in der Butter unter Wenden sanft braten, bis sie die Farbe wechseln. Mit einem Kartoffelstampfer zerkleinern. Wein und Wasser dazugiessen und aufkochen. Bei kleiner Hitze 20 Minuten köcheln lassen. Dann den Fond durch ein feines Sieb passieren. Die Schalen wegwerfen.
• Den Fond aufkochen. Kürbis, Bundzwiebeln und Tomaten beifügen. Bei kleiner Hitze köcheln lassen, bis sie weich sind. Pürieren. Rahm und Milch darunter rühren. Mit Salz und Pfeffer würzen.
• Kurz vor dem Servieren die Crevetten sehr fein hacken. In die Suppe geben und warm werden lassen. Sofort servieren.

Tip:
Dazu passen Cassava-Chips (Krupuk).

Suppe mit Spaghettikürbis

1 Kürbis, ca. 700 g, z.B. Butternut, Pink Banana
1 kleiner Spaghettikürbis, ca. 300 g
1 weisse Zwiebel, in Viertel geschnitten
2–3 Knoblauchzehen
2 frische Lorbeerblätter
1 Rosmarinzweig
1 Lauchstengel, in Ringe geschnitten
je ½ TL Fenchel- und Koriandersamen
650 ml Wasser
asiatische Fischsauce oder feines Meersalz
50 g Mandelblättchen, geröstet
1–2 feinblättrige Basilikumzweige
kaltgepresstes Olivenöl

• Den Kürbis in Würfel (Küchenpraxis Seite 15), den Spaghettikürbis mit der Schale in Scheiben schneiden.
• Den Spaghettikürbis zusammen mit Zwiebel, Knoblauch, Kräutern und Gewürzen in eine weite, flache Pfanne geben. 150 ml Wasser dazugiessen und aufkochen. Zugedeckt bei kleiner Hitze köcheln lassen, bis sich das Kürbisfleisch spaghettiähnlich von der Schale löst. Herausnehmen und zugedeckt beiseite stellen.
• Die Kürbiswürfel zu den Würzzutaten in die Pfanne geben. Das restliche Wasser (½ l) dazugiessen und aufkochen. Bei kleiner Hitze köcheln lassen, bis der Kürbis weich ist. Pürieren, nach Bedarf heisses Wasser dazugiessen. Mit Fischsauce oder Meersalz abschmecken.
• Die Suppe in vorgewärmte tiefe Teller verteilen. Das Fleisch des Spaghettikürbisses mit einer Gabel von der Schale lösen und lockern. In die Suppe geben. Mit Mandel- und Basilikumblättchen bestreuen. Olivenöl darüber träufeln.

Tip:
Junge, kleine (unreife, hellgrüne und cremefarbene) Spaghettikürbisse sind ebenso zart wie Zucchini. Sie können mit der Schale und allem Drum und Dran gegessen werden. Ältere, schwerere (ausgereifte) Exemplare müssen entkernt werden. Ihre Schale entfernt man am besten erst nach dem Kochen.

Variante:
Spaghettikürbis kann auch im Backofen weich geschmort werden (Küchenpraxis Seite 15).

Geröstete Kürbissuppe mit Cremolata

Suppe:
500 g Kürbisschnitze (Küchenpraxis Seite 15), z.B. Oranger Knirps, Rouge Vif d'Etampes, Musquée de Provence, Pink Banana, Brodée Galeuse, Flat White Boer, Bleu de Hongrie, Triamble
2–3 Knoblauchzehen
1 Stück Ingwerwurzel, geschält, gehackt
1 grüner Chili, entkernt, fein gehackt
Kürbiskernöl zum Dünsten
1 EL Koriandersamen, geröstet, grob zerstossen
1 TL Kreuzkümmelsamen, geröstet, grob zerstossen
1–2 TL gemahlener milder Paprika
½ TL gemahlener Kurkuma
400 ml Kokosnussmilch
½ l Wasser
Salz, Pfeffer
einige Spritzer Limonen- oder Zitronensaft
180 g Vollmilchjoghurt

Cremolata:
2 EL Kokosraspel, in 4 EL lauwarmem Wasser eingeweicht
½ Nostrano-Gurke (Gärtnergurke), geschält, entkernt, in feine Scheiben geschnitten
2 reife gelbe Tomaten, enthäutet, entkernt, in Würfel geschnitten
1 grüner Chili, entkernt, fein gehackt
2 EL gehackte frische Korianderblättchen
½ TL Kreuzkümmelsamen, geröstet, grob gemahlen
Limonen- oder Zitronensaft zum Abschmecken

- Für die Suppe den Kürbis mit dem Knoblauch im Backofen weich schmoren (Küchenpraxis Seite 15).
- Ingwer und Chili in wenig Öl andünsten. Die Gewürze darüber streuen und bei kleiner Hitze mitdünsten, bis sie duften. Den Kürbis in Würfel schneiden und beifügen. Kokosnussmilch und Wasser dazugiessen. 10 Minuten köcheln lassen. Mit Salz, Pfeffer und Limonen- oder Zitronensaft abschmecken. Dann pürieren oder durchpassieren. Warm halten.
- Für die Cremolata die Kokosraspel gut auspressen. Mit den restlichen Zutaten mischen. Mit Limonen- oder Zitronensaft abschmecken.
- Die Suppe in vorgewärmten tiefen Tellern anrichten. Cremolata und Joghurt dazu servieren.
- Dazu passen Pappadam (gekauft oder nach dem Rezept Seite 26 selbst gemacht) und Naan (indisches Fladenbrot).

Tip:
Frisch geriebene Kokosnuss braucht nicht eingeweicht zu werden.

Kürbissoise

2 Lauchstengel, nur das Weisse, fein geschnitten
Butter zum Dünsten
ca. 500 g Kürbiswürfel (Küchenpraxis Seite 15), z.B. Marina di Chioggia, Jarrahdale, Flat White Boer, Hubbard
150–200 ml Vollmilch
Salz, weisser Pfeffer
Zitronenschnitze zum Servieren

Bouillon:
60 g frischer Koriander, wenn möglich mit den Wurzeln (in asiatischen Lebensmittelgeschäften erhältlich)
4–5 dicke Zitronengrasstengel
3 Bundzwiebeln, samt Grün
1 l Wasser
Salz, Pfeffer

• Für die Bouillon den Koriander samt den Wurzeln gründlich waschen. Die inneren Blättchen für die Garnitur beiseite legen. Von den Zitronengrasstengeln Schicht um Schicht bis auf den innersten Teil ablösen. Das Innere für die Suppe beiseite stellen. Das Zwiebelgrün abschneiden, die Zwiebeln für die Garnitur beiseite legen. Koriander, Zitronengras und Zwiebelgrün mit dem Wasser aufkochen. Bei kleiner Hitze 30 Minuten köcheln lassen, salzen.
• Das Zitronengras fein hacken. Mit dem Lauch in Butter andünsten. Den Kürbis beifügen und mitdünsten. Nach 10–15 Minuten die Bouillon durch ein Sieb dazugiessen. Die Milch beifügen und die Suppe bei kleiner Hitze 20–30 Minuten köcheln lassen. Den Koriander dazugeben, mit Salz und Pfeffer würzen. Dann pürieren und auskühlen lassen. Die Suppe bis zum Servieren zugedeckt kalt stellen.
• Für die Garnitur die Bundzwiebeln in sehr feine Ringe schneiden und mit wenig Salz bestreuen. In einem Sieb ziehen lassen, trockentupfen. Die Suppe in vorgekühlten Schalen anrichten. Mit Zwiebelringen und Korianderblättchen bestreuen und mit Zitronenschnitzen servieren.

Tip:
Auch die Stengel von Kräutern, wie z.B. Koriander und Petersilie, sind sehr aromatisch. Die Stengel sammeln, tiefkühlen und zum Mitkochen in Suppen, für Bouillons und Saucen verwenden.

Karamelisierte Kürbissuppe mit Amaretti

1–2 Kürbisse, ca. 1 kg, z.B. Butternut, Hubbard, Acorn, Delicata, Marina di Chioggia, Jarrahdale, Oranger Knirps
2–3 EL Akazienhonig
3 EL flüssige Butter
1 TL feines Meersalz
frisch gemahlener schwarzer Pfeffer und Muskatnuss
1 EL gemahlener Zimt
1 kleiner Lauchstengel, nur das Weisse, in feine Würfel geschnitten
2 Karotten, geschält, in feine Würfel geschnitten
1 Stengel Stangensellerie, in feine Würfel geschnitten
ca. 800 ml Gemüsebouillon
4 harte Amaretti

• Den Kürbis der Länge nach halbieren und entkernen. Den Honig mit 2 Esslöffeln Butter verrühren. Die Kürbisschnittflächen damit bestreichen und mit den Gewürzen bestreuen. Nebeneinander in eine flache, ofenfeste Form geben. 200 ml Wasser dazugiessen. In der Mitte des auf 180 Grad vorgeheizten Backofens 50–60 Minuten karamelisieren.
• Lauch, Karotten und Stangensellerie in der restlichen Butter andünsten. Das Kürbisfleisch aus der Schale direkt in den Topf schaben. Mit Bouillon aufgiessen und aufkochen. 10 Minuten köcheln lassen. Dann pürieren und durch ein Sieb streichen.
• Die Suppe in vorgewärmten Schalen anrichten. Die Amaretti darüber krümeln.

Tip:
Die Suppe in einem ausgehöhlten Kürbis anrichten (Küchenpraxis Seite 15).

Kürbis-Apfel-Pie

Für 1 Pieform von 24–26 cm Durchmesser

Teig:
200 g Mehl
2 EL Puderzucker
1 TL abgeriebene Zitronenschale
½ TL Salz
115 g kalte Butter, in kleine Würfel geschnitten
1 Eigelb
2 EL frisch gepresster Zitronensaft
4–6 EL Eiswasser

Füllung:
3 Eier
175 g Rohzucker
1 TL Salz
450 g Kürbispüree (Küchenpraxis Seite 16), z.B. Hubbard, Flat White Boer
200 g Doppelrahm
1 Zitrone, Saft
20 g Ingwerwurzel, gerieben
2 TL gemahlener Zimt
1 TL Vanillepulver
½ TL gemahlener Ingwer und Pfeffer
1 gute Messerspitze gemahlener Piment (Nelkenpfeffer)
1–2 Äpfel, z.B. Granny Smith
1 EL Zucker
1 EL flüssige Butter

• Für den Teig alle trockenen Zutaten mischen. Die Butter beifügen und mit einem Messer zu einer feinkrümeligen Masse durchhacken. Das Eigelb mit Zitronensaft und Eiswasser verquirlen. Zum Mehl geben und rasch zu einem Teig zusammenfügen. In Folie wickeln und kalt stellen.
• Den Teig auf wenig Mehl rund auswallen. Das Blech damit auslegen, den Rand hochziehen. Den Boden dicht einstechen, mit einem rund zugeschnittenen Backpapier abdecken und mit Hülsenfrüchten beschweren. In der Mitte des auf 200 Grad vorgeheizten Backofens 10–15 Minuten blind vorbacken. Das Backpapier samt den Hülsenfrüchten entfernen und den Teigboden 5 Minuten weiterbacken. Herausnehmen und auskühlen lassen.
• Für die Füllung die Eier mit Zucker und Salz schaumig rühren. Kürbis, Doppelrahm, 1½ Esslöffel Zitronensaft, Ingwer, 1½ Teelöffel Zimt und die restlichen Gewürze beifügen, mischen. Die Äpfel schälen, halbieren, entkernen und in dicke Schnitze schneiden. Mit etwas Zitronensaft, dem restlichen Zimt, Zucker und Butter mischen.
• Die Kürbismasse auf dem Teigboden verteilen. Die Äpfel im Kreis darauf legen. In der Mitte des 200 Grad heissen Backofens 40–50 Minuten backen. 10 Minuten im ausgeschalteten, leicht geöffneten Ofen stehen lassen. Herausnehmen und auskühlen lassen.
• Dazu passt Vanilleglace oder -sauce.

Variante:
Statt Äpfel feste Birnen verwenden.

Kürbis-Apfel-Pie

Pie mit roh geraffeltem Kürbis

Für 1 Kuchenblech von 24–26 cm Durchmesser

Teig:
175 g Mehl
25 g gemahlene Mandeln
50 g Zucker
½ TL Salz
115 g kalte Butter, in kleine Würfel geschnitten
1 Eigelb
1 EL frisch gepresster Zitronensaft
1–2 EL Eiswasser

Füllung:
50 g Butter, weich
100 g Lavendelhonig
3 Eier, zimmerwarm
100 g Doppelrahm oder Crème fraîche
250 g geraffelter Kürbis, z.B. Delicata, Acorn, Pink Banana
1–2 Stück kandierter Ingwer, fein gehackt
1 Prise Salz
100 g frische Preisel- oder Heidelbeeren, verlesen

Puderzucker zum Bestäuben

- Den Teig zubereiten, das Blech damit auslegen und blind vorbacken (siehe Rezept Seite 33). Auskühlen lassen. Die Ofentemperatur auf 175 Grad reduzieren.
- Für die Füllung die Butter mit dem Honig schaumig rühren. Die Eier nach und nach dazugeben und rasch darunter mischen. Kürbis, Ingwer und Salz beifügen.
- Die Beeren auf den Teigboden streuen. Die Kürbismasse darauf geben. Den Kuchen in der Mitte des Backofens 30–35 Minuten backen.
- Leicht mit Puderzucker bestäuben. Lauwarm servieren.

Variante:
Statt frischer Beeren Kompott, Püree oder Konfitüre verwenden.

Schokoladen-Kürbis-Pie

Für 1 Pieform von 20–22 cm Durchmesser

Teig:
175 g Mehl
25 g ungezuckertes Kakaopulver
50 g Zucker
½ TL Salz
115 g kalte Butter, in kleine Würfel geschnitten
4–6 EL Eiswasser

Füllung:
400 g Kürbispüree (Küchenpraxis Seite 16), z.B. Butternut, Flat White Boer, Hubbard
3 Eier, verquirlt
100 g Rohzucker
100 g Doppelrahm
75 g Zartbitterschokolade, gerieben
je ½ TL gemahlener Zimt, Ingwer und Macis (Muskatblüte) oder Muskatnuss
100 g Kürbiskerne, geröstet

- Den Teig zubereiten (siehe Rezept Seite 33) und die Form damit auslegen. Kalt stellen.
- Für die Füllung den Kürbis mit den Eiern, Zucker, Doppelrahm, 30 g Schokolade und den Gewürzen verrühren. Auf dem Teigboden verteilen. Die restliche Schokolade darüber streuen. Den Kuchen im unteren Teil des 190 Grad heissen Backofens 45–50 Minuten backen.
- Herausnehmen, die Kürbiskerne darüber streuen und den Pie auskühlen lassen.
- Dazu passt Zimtrahm.

Kürbismousse-Pie

Für 1 Pieform von 24–26 cm Durchmesser

Teig:
250 g Vollkorncracker, z.B. Darvida
je 3 EL Zucker und ungezuckertes Kakaopulver
1 TL gemahlener Zimt
reichlich gemahlene Muskatnuss
125–150 g Butter, flüssig

Füllung:
140 g Zucker
3 Eier
1½ Päckchen Gelatinepulver, ca. 14 g
50 ml Rum
400 g Kürbispüree (Küchenpraxis Seite 16), z.B. Hubbard, Oranger Knirps
½ TL Salz
je ½ TL Vanillepulver und gemahlener Zimt
je ¼ TL gemahlener Ingwer und Piment (Nelkenpfeffer)
350 g Crème fraîche

Garnitur:
¼ l Rahm
2 EL Zucker
gemahlener Zimt zum Bestäuben

• Für den Teig die Cracker mit Zucker, Kakaopulver und den Gewürzen im Cutter mahlen. So viel Butter beifügen, bis die Masse zusammenhält. Von Hand auf dem Boden der Form verteilen und den Rand gut 2 cm hochdrücken. Zugedeckt 20 Minuten kalt stellen. Dann in der Mitte des auf 175 Grad vorgeheizten Backofens 8–10 Minuten vorbacken. Herausnehmen und auskühlen lassen.

• Für die Füllung den Zucker mit 50 ml Wasser sirupartig einkochen lassen. Die Eier mit den Schneebesen des elektrischen Handrührgeräts schaumig rühren. Den Zuckersirup in dünnem Strahl nach und nach zugiessen, dabei das Gerät auf höchster Stufe laufen lassen. Die Gelatine mit dem Rum und 2 Esslöffeln Wasser verrühren. Im warmen Wasserbad schmelzen. Zur Schaummasse geben.

• Kürbis, Gewürze und Crème fraîche dazugeben, mischen. Auf dem Teigboden verteilen. Zugedeckt mindestens 4 Stunden in den Kühlschrank stellen.

• Für die Garnitur den Rahm mit dem Zucker steif schlagen. In einen Spritzbeutel geben und den Kuchen damit garnieren. Leicht mit Zimt bestäuben.

Kürbis-Pie mit Nussstreusel

Für 1 Pieform von 24 cm Durchmesser

Mürbeteig:
200 g Mehl
½ TL Salz
100 g kalte Butter, in kleine Würfel geschnitten
5–6 EL Eiswasser

Füllung:
400 g Kürbispüree (Küchenpraxis Seite 16),
z.B. Oranger Knirps, Hubbard, Pink Banana
2 Eier, verquirlt
150 g Rohzucker
2 EL Melasse
150 ml Rahm
1 TL gemahlener Ingwer
je ½ TL gemahlener Zimt und Piment
(Nelkenpfeffer)
¼ TL gemahlener Macis (Muskatblüte)
1 Messerspitze Salz

Streusel:
50 g Pekannüsse, gehackt
2 EL Rohzucker
2 EL Mehl
2 EL flüssige Butter

• Den Teig zubereiten, die Form damit auslegen und blind vorbacken (siehe Rezept Seite 33). Auskühlen lassen. Aus den Teigresten Verzierungen ausstechen und kalt stellen.
• Für die Füllung alle Zutaten verrühren. Auf dem Teigboden verteilen. Die Teigverzierungen mit Wasser an den Rand kleben.
• Für den Streusel Nüsse, Zucker und Mehl mischen. Die Butter beifügen und darunter mischen. Krümelartig auf der Füllung verteilen. In der Mitte des 200 Grad heissen Backofens 10 Minuten backen.
Die Ofentemperatur auf 175 Grad reduzieren und den Pie weitere 35 Minuten backen.

Varianten:
Rahm durch Doppelrahm oder Doppelrahmfrischkäse ersetzen.
Statt Pekannüsse Baumnüsse verwenden.

Kürbis-Pie mit Nussstreusel

Kürbis-Pie mit Kokoscreme

Für 1 Pieform von 24 cm Durchmesser

Mürbeteig:
200 g Mehl
1 EL Zucker
½ TL Salz
100 g kalte Butter, in kleine Würfel geschnitten
5–6 EL Eiswasser

Füllung:
6 Eier, getrennt
150 g Palm- oder Rohzucker
je 1 Prise gemahlener Zimt und Muskatnuss
¼ TL gemahlener Kardamom
400 g Kürbispüree (Küchenpraxis Seite 16), z.B. Jarrahdale, Hubbard, Pink Banana
175 g Kokosnusscreme, zerkleinert oder geraffelt
2 EL flüssige Butter
1 TL Reis- oder Weizenstärke
1 Messerspitze Salz

- Den Teig zubereiten, die Form damit auslegen und blind vorbacken (siehe Rezept Seite 33). Auskühlen lassen. Aus den Teigresten Verzierungen ausstechen und kalt stellen. Die Ofentemperatur auf 180 Grad reduzieren.
- Für die Füllung das Eigelb mit dem Zucker und den Gewürzen schaumig rühren. Kürbis, Kokosnusscreme und Butter beifügen. Das Eiweiss mit Stärke und Salz steif schlagen. Locker unter die Masse mischen und auf dem Teigboden verteilen. Die Teigverzierungen mit Wasser an den Rand kleben.
- In der Mitte des 180 Grad heissen Backofens 35–40 Minuten backen. Heiss oder lauwarm servieren.
- Dazu passt Limonen- oder Kokosglace.

Kürbis-Pie mit Amaretti

Für 1 Pieform von 24 cm Durchmesser

Mürbeteig:
200 g Mehl
50 g Amaretti, fein gemahlen
1 EL Zucker
½ TL Salz
100 g kalte Butter, in kleine Würfel geschnitten
5–6 EL Eiswasser

Füllung:
400 g Kürbiswürfel (Küchenpraxis Seite 15), z.B. Jarrahdale, Hubbard
100 ml Bittermandellikör (Amaretto)
3 Eier, verquirlt
150 g Zucker
½ TL Vanillepulver
¼ TL Salz
1 Orange, abgeriebene Schale und wenig Saft
200 g Mascarpone

250–350 g feste Brombeeren
Puderzucker zum Bestäuben

- Den Teig zubereiten, die Form damit auslegen und blind vorbacken (siehe Rezept Seite 33). Auskühlen lassen. Aus den Teigresten Verzierungen ausstechen und kalt stellen.
- Für die Füllung den Kürbis mit dem Likör zugedeckt weich kochen. Noch heiss durchpassieren (Passe-vite) und falls nötig unter Rühren dick einkochen lassen. Auskühlen lassen.
- Die Eier mit dem Zucker, den Gewürzen, Orangenschale und Orangensaft schaumig rühren. Das Kürbispüree und den Mascarpone beifügen. Auf dem Teigboden verteilen. Teigverzierungen mit Wasser an den Rand kleben.
- In der Mitte des 200 Grad heissen Backofens 30–40 Minuten backen. Nach 20 Minuten Backzeit die Brombeeren auf dem Kuchen verteilen, fertig backen.

Mit Puderzucker bestäuben und lauwarm servieren.

- Dazu passt Sauerrahmglace.

Variante:
Den Kürbis roh zur Schaummasse raffeln (dann genügen 50 ml Bittermandellikör).

Kürbis-Gemüse-Potpourri

300 g Kürbiswürfel (Küchenpraxis Seite 15), z.B. Butternut, Acorn, Delicata, Jarrahdale
2 Auberginen, in Scheiben geschnitten
Salz
1–2 weisse Zwiebeln, fein geschnitten
2 Knoblauchzehen, gequetscht
Kürbiskernöl zum Dünsten
2 rote Peperoncini oder Chili, fein geschnitten
1–2 Zitronengrasstengel, nur innerer Teil, fein geschnitten
1–2 TL Garnelenpaste (in asiatischen Lebensmittelgeschäften erhältlich)
400 ml Kokosnussmilch
200 g violette oder gelbe Stangenbohnen, schräg in Stücke geschnitten
200 g Chinakohl, in feine Streifen geschnitten

- Kürbis und Auberginen salzen, beschweren und Saft ziehen lassen. Dann trockentupfen.
- Zwiebeln und Knoblauch in Öl weich dünsten. Peperoncini oder Chili, Zitronengras und Garnelenpaste beifügen und mitdünsten. Kürbis und Auberginen dazugeben und unter Wenden leicht anbraten. Mit Kokosnussmilch aufgiessen. Zugedeckt bei kleiner Hitze 10 Minuten köcheln lassen. Die Bohnen beifügen und knapp weich garen.
- Kurz vor dem Servieren den Chinakohl darüberstreuen, mischen. Mit Salz abschmecken. Sofort servieren.
- Dazu passt Parfümreis.

Kürbisgnocchi

300 g Kürbispüree (Küchenpraxis Seite 16), z.B. Butternut, Jarrahdale
250 g Schafricotta
150 g Parmesan, frisch gerieben
2 Eigelb, verquirlt
150–200 g Dunst oder Teigwarenmehl
Salz, Pfeffer, Muskatnuss
Butter für die Form

- Den Kürbis mit dem Ricotta, 75 g Parmesan und dem Eigelb mischen. Soviel Dunst oder Mehl beifügen, bis der Teig nicht mehr klebt, aber weich ist. Würzen. Mit zwei Teelöffeln Klösschen formen (oder auf wenig Mehl Rollen von ca. 2 cm Durchmesser formen und in 3 cm lange Stücke schneiden). Portionenweise in Salzwasser eher ziehen lassen als kochen.
- Sobald die Gnocchi an die Oberfläche steigen, mit einer Schaumkelle herausnehmen. In eine ausgebutterte ofenfeste Form geben. Mit dem restlichen Parmesan bestreuen.
- In der Mitte des auf 220 Grad vorgeheizten Backofens 10–12 Minuten überbacken.

Varianten:
Gnocchi mit Tomatensauce: 500 g reife Fleischtomaten kurz überbrühen, kalt abschrecken, enthäuten, halbieren, entkernen und fein schneiden. In Olivenöl kurz braten, mit Salz, Pfeffer und Basilikum würzen. Lagenweise mit den gegarten Gnocchi in die Form geben.
Statt Ricotta im Dampf gekochte und durchgepresste Kartoffeln (mehlig kochende Sorte) verwenden.
Pikant: 25 g Brunnenkresse, Rucola und Rettichsprossen sehr fein hacken und unter den Gnocchiteig mischen.

Kürbis-Gemüse-Potpourri

Kürbisrisotto

1 Lauchstengel, nur das Weisse, fein geschnitten
Olivenöl, mit Butter gemischt, zum Dünsten
350 g Risottoreis, z.B. Vialone, Arborio
150 ml Apfelwein
ca. 800 ml Gemüsebouillon, siedend heiss
400 g Kürbispüree (Küchenpraxis Seite 16), z.B. Butternut, Hubbard
Salz
100 g Parmesan, frisch gerieben
Butter

Garnitur:
16 schöne Salbeiblätter
Kürbiskernöl zum Braten

- Den Lauch in der Öl-Butter-Mischung glasig dünsten. Den Reis dazustreuen und unter Rühren dünsten, bis er leicht knistert. Mit dem Apfelwein ablöschen und vollständig einkochen lassen. Nach und nach die Bouillon dazugiessen, öfter rühren. Nach 10 Minuten den Kürbis beifügen, kurz mischen und 15–20 Minuten al dente garen. Mit Salz abschmecken.
- Für die Garnitur die Salbeiblätter im heissen Öl rasch knusprig braten. Herausnehmen und auf Haushaltpapier abtropfen lassen.
- 75 g Parmesan und ein nussgrosses Stück Butter unter den Risotto mischen. Von der Herdplatte ziehen und zugedeckt 2–3 Minuten ziehen lassen. Den restlichen Parmesan darüber streuen. Mit dem Salbei servieren.

Tip:
Mit selbst gemachter Bouillon schmeckt alles besser – im voraus zubereiten und portionenweise tiefkühlen. Für 1 Liter Bouillon: 1 Bund Suppengrün (1 Karotte, 1–2 Stengel Stangensellerie, 1 kleine Zwiebel, 1 Knoblauchzehe) grob zerkleinern. Mit 3–4 Petersilienstengeln, 1 Thymianzweig, etwas Fenchelkraut, 2 Lorbeerblättern, 1 Teelöffel schwarzen Pfefferkörnern, 2 Sternanis und 1,2 l kaltem Wasser bei kleiner Hitze 30 Minuten ziehen lassen. 150 ml Apfelwein oder Weisswein beifügen, kurz aufkochen, dann auskühlen lassen. Zugedeckt 12 Stunden kalt stellen. Dann durch ein feines Sieb giessen.

Variante:
100 g ausgelöste frische Erbsen mit dem Kürbispüree beifügen.

Gefüllte Kürbisblüten

12 Kürbisblüten, ersatzweise Zucchiniblüten

Füllung:
250 g Borlottibohnen, 6 Stunden eingeweicht
1 Prise Natron
Salz
1 kleine rote Zwiebel, in feine Ringe geschnitten
1 kleine Knoblauchzehe, gehackt
je 1 kleine Karotte und 1 Stengel Stangensellerie, in kleine Würfel geschnitten
Olivenöl zum Rührbraten
2 Estragonzweige, gehackt
frisch gemahlener Pfeffer

- Für die Füllung die Bohnen abgiessen, mit dem Natron mit Wasser bedeckt weich kochen. Das Wasser bis auf 1–2 Esslöffel abgiessen. Die Bohnen pürieren und salzen.
- Zwiebel, Knoblauch und Gemüse in Öl kurz rührbraten. Unter das Bohnenpüree mischen und würzen.
- Die Kürbisblüten mit einem Pinsel säubern, auf keinen Fall waschen. Vorsichtig öffnen und die Blütenstempel entfernen (sie sind bitter). Jeweils etwa einen Esslöffel Füllung in die Blüten geben, in Form bringen und mit einem Dreh verschliessen. In eine geölte ofenfeste Form geben. Mit Öl bestreichen. In der Mitte des auf 200 Grad vorgeheizten Backofens 15–20 Minuten backen.
- Dazu passt frisch zubereiteter Randensalat (Rote-Bete-Salat).

Variante:
Statt Borlottibohnen rote Linsen oder Kichererbsen verwenden – die roten Linsen brauchen nicht eingeweicht zu werden. Noch schneller geht's mit Bohnen aus der Dose.

Kürbisblüten mit Frischkäse

12 Kürbisblüten, ersatzweise Zucchiniblüten
wenig Mehl
Olivenöl zum Braten
feines Meersalz
2–3 EL frisch geriebener Parmesan

Füllung:
100–150 g Schafricotta
12 Basilikumblätter

- Die Kürbisblüten mit einem Pinsel säubern, auf keinen Fall waschen. Vorsichtig öffnen und die Blütenstempel entfernen (sie sind bitter).
- Für die Füllung je ein nussgrosses Stück Ricotta und ein Basilikumblatt in die Blüten geben, in Form bringen und mit einem Dreh verschliessen. 20 Minuten kalt stellen.
- Kurz vor dem Servieren die Blüten in Mehl wenden und gut abschütteln. In Öl unter Wenden ca. 3 Minuten braten. Leicht mit Meersalz bestreuen. Anrichten und Parmesan darüber geben.
- Als kleine Mahlzeit, Vorspeise oder Beilage servieren.

Variante:
Gefüllte Blüten panieren: Zuerst in Mehl, dann in einem verquirlten Ei und selbst gemachten Brotbröseln wenden.

Pizza mit Kürbis

Für 2 Pizzableche von je ca. 30 cm Durchmesser

Teig:
300 g Mehl
1½ TL Trockenhefe
150–200 ml Wasser, lauwarm
2 EL Kürbiskernöl
¾ TL Salz

Belag:
600–700 g Kürbisschnitze (Küchenpraxis Seite 15), z.B. Marina di Chioggia, Jarrahdale, Pink Banana, Butternut
Salz
Olivenöl zum Bestreichen
150 g Mozzarella, abgetropft, in Scheiben geschnitten
75 g Parmesan, frisch gerieben
3 EL fein gehackte glattblättrige Petersilie
frisch gemahlener schwarzer Pfeffer
2 Oreganozweige

• Für den Teig das Mehl in eine Schüssel geben. In die Mitte eine Vertiefung drücken. Die Hefe hineinstreuen und 150 ml Wasser dazugiessen. Mit einer Teigkelle verrühren, dabei immer etwas Mehl vom Rand dazunehmen, bis der Teig dickflüssig ist. Wenig Mehl darüber stäuben und zugedeckt bei Raumtemperatur gehen lassen, bis sich Risse zeigen.
• Das restliche Wasser mit Öl und Salz verrühren. Nach und nach zum Mehl geben und zu einem geschmeidigen Teig zusammenfügen. Von Hand kneten, bis der Teig elastisch ist. Zu einer Kugel formen und zugedeckt bei Raumtemperatur auf das Doppelte aufgehen lassen oder in einen Plastikbeutel geben und im Kühlschrank über Nacht gehen lassen.
• Für den Belag den Kürbis salzen und im Backofen backen (Küchenpraxis Seite 15). Herausnehmen und auskühlen lassen. Die Ofentemperatur auf 240 Grad erhöhen.
• Den Teig halbieren. Gleichmässig dünn rund ausziehen, die Bleche damit auslegen und den Boden dicht einstechen. Mit wenig Öl bestreichen. Käse und Petersilie darauf streuen. Mit dem Kürbis belegen und reichlich Pfeffer darüber mahlen. In der Mitte des Backofens 15–17 Minuten backen. Oregano darüber streuen und sofort servieren.

Varianten:
Mozzarella durch eine weisse Sauce ersetzen. Zubereitung: ¼ l Milch und 2 Esslöffel Mehl unter Rühren aufkochen.
10 Minuten köcheln lassen. Mit Salz, Pfeffer und reichlich Muskatnuss abschmecken. Auskühlen lassen. Den ausgewallten Teig mit je 1 Esslöffel Dunst oder Teigwarenmehl bestreuen. Die Sauce darauf verteilen, dabei einen Rand von knapp 2 cm frei lassen.
Mit Parmesan bestreuen. Weiterfahren, wie im Rezept beschrieben.
Statt Oregano Salbei verwenden.

Kürbis-Spinat-Kuchen

Für 1 Blech von 26–28 cm Durchmesser

Teig:
250 g Mehl
50 g Parmesan, frisch gerieben
½ TL Salz
100 g kalte Butter, in kleine Würfel geschnitten
4–6 EL Eiswasser

Belag:
500 g Kürbiswürfel (Küchenpraxis Seite 15), z.B. Butternut, Hubbard, Jarrahdale
3 Knoblauchzehen
Olivenöl
Salz, Pfeffer
250 g Spinat, grobe Stiele entfernt
50 g Ricotta
50 g Pinienkerne

Guss:
200 ml Rahm
4 Eier, verquirlt
2 EL frisch geriebener Parmesan
Salz, Pfeffer

- Den Teig zubereiten, das Blech damit auslegen, den Boden dicht einstechen und zugedeckt kalt stellen (siehe Rezept Seite 44).
- Für den Belag Kürbis und Knoblauch mit Öl bepinseln und würzen. Im Backofen rösten (Küchenpraxis Seite 15).
- Den Kürbis herausnehmen, noch heiss mit dem Spinat mischen, bis er zusammenfällt. Ricotta und Pinienkerne beifügen. Abschmecken.
- Für den Guss alle Zutaten verrühren, mit Salz und Pfeffer würzen. Auf dem Teigboden verteilen und die Kürbismasse darauf geben. Den Kuchen im unteren Teil des auf 220 Grad vorgeheizten Backofens 30–40 Minuten backen. Heiss servieren.
- Dazu passt gemischter Chicoréesalat oder ein Salat von roh geraffelten Randen (Rote Bete).

Kürbispuffer

ca. 1 kg Kürbis, z.B. Musquée de Provence, Oranger Knirps
feines Meersalz
250 g Schafricotta oder Feta
4–6 gehäufte EL Mehl
3 Eier, verquirlt
2–3 Dillzweige
Pfeffer
Bratbutter
2 EL gehackte Kürbiskerne

- Den Kürbis schälen, die Kerne samt Fasern entfernen. An einer Bircher- oder Käseraffel reiben. Mit Meersalz bestreuen und in einem Sieb abtropfen lassen.
- Den Ricotta oder Feta mit einer Gabel fein zerdrücken. Den Kürbis gut auspressen und beifügen. Das Mehl darüber sieben. Eier und Dill dazugeben. Zu einer feuchten, aber formbaren Masse mischen. Mit Pfeffer abschmecken.
- Löffelgrosse Portionen (leicht flachgedrückt) in nicht zu heisser Bratbutter unter Wenden goldbraun braten. Kürbiskerne darüber streuen und sofort servieren.
- Dazu passen gemischte Blattsalate.

Kürbisquiche

Für 1 Blech von 26–28 cm Durchmesser

Teig:
250 g Mehl
50 g Parmesan, frisch gerieben
½ TL Salz
100 g kalte Butter, in kleine Würfel geschnitten
4–6 EL Eiswasser

Belag:
600 g Kürbiswürfel (Küchenpraxis Seite 15), z.B. Butternut, Hubbard, Jarrahdale
200 ml trockener Weisswein oder Wasser
150 ml Rahm
30 g Maismehl
Salz, Pfeffer
gemahlene Muskatnuss und Nelken
je 50 g Parmesan und Fontina, gerieben
2 Eier, verquirlt

- Für den Teig Mehl, Parmesan, Salz und Butter mit einem grossen Messer feinkrümelig durchhacken. Das Wasser dazugeben und rasch zu einem Teig zusammenfügen. Zugedeckt kalt stellen.
- Den Teig auf wenig Mehl auswallen. Das Blech damit auslegen und den Boden dicht einstechen. 30 Minuten kalt stellen.
- Für den Belag den Kürbis in Wein oder Wasser weich kochen. Den Kürbis in einem Sieb abtropfen lassen.
- Vom Kürbiskochwasser 125 ml abmessen und zusammen mit Rahm und Mehl unter Rühren aufkochen. Bei kleiner Hitze 10 Minuten dick einkochen lassen. Würzen und auskühlen lassen.
- Den Kürbis durch das Sieb direkt in die Sauce streichen. Käse und Eier beifügen, mischen. Auf dem Teigboden verteilen. Die Quiche im unteren Teil des auf 220 Grad vorgeheizten Backofens 30–40 Minuten backen. Heiss servieren.
- Dazu passt gemischter Blattsalat oder roher Randensalat (Rote-Bete-Salat).

Kürbisgratin mit dreierlei Käse

4 kleine, junge Spaghettikürbisse, ca. 1,2 kg
feines Meersalz
5–6 EL Mehl
Olivenöl zum Braten
500 g feste gelbe Tomaten, in Scheiben geschnitten
½ Bund Purpurbasilikum
Pfeffer
150 g Mozzarella, abgetropft, in Scheiben geschnitten
150 g Fontina, in Scheiben geschnitten
100 g Parmesan, frisch gerieben

- Die Kürbisse samt Schale der Länge nach halbieren und in 2 cm dicke Scheiben schneiden. Leicht mit Meersalz bestreuen, beschweren und Saft ziehen lassen.
- Den Kürbis trockentupfen, in Mehl wenden und gut abschütteln. In Öl unter Wenden goldbraun braten. Auf Haushaltpapier entfetten.
- Den Kürbis lagenweise mit Tomaten, Basilikum, Pfeffer und Käse in eine gefettete ofenfeste Form schichten. Mit Parmesan abschliessen. In der Mitte des auf 200 Grad vorgeheizten Backofens 45 Minuten backen. Wenn die Oberfläche zu dunkel wird, mit Folie abdecken.
- Dazu passt grüner Blattsalat.

Varianten:
Statt Spaghettikürbis (vor allem wenn er nicht mehr jung ist) Pleine de Naples, Butternut, Delicata oder Orangen Knirps verwenden.
Rote Tomaten kurz überbrühen, kalt abschrecken und enthäuten.

Kürbisquiche

Gebratener Kürbis

600–700 g Kürbisschnitze, ca. 1 cm dick (Küchenpraxis Seite 15), z.B. Oranger Knirps, Musquée de Provence, Pleine de Naples
feines Meersalz
2–3 Eier
Pfeffer
frisch gemahlene Muskatnuss
2–4 EL gemischte, gehackte Kräuter, z.B. Ysop, Petersilie
Mehl zum Wenden
Bratbutter

- Den Kürbis leicht mit Meersalz bestreuen, beschweren und Saft ziehen lassen.
- Die Eier mit den Gewürzen und Kräutern verquirlen. Den Kürbis trockentupfen, in Mehl wenden und gut abschütteln. Dann im Ei wenden und portionenweise in Bratbutter unter Wenden langsam braten, bis er weich ist.
- Dazu passt dick eingekochte Tomatensauce oder Kräutervinaigrette.

Zucca alla milanese

600–700 g Kürbisschnitze, ca. 1 cm dick (Küchenpraxis Seite 15), z.B. Oranger Knirps, Musquée de Provence, Pleine de Naples
feines Meersalz
2–3 Eier
Pfeffer
frisch gemahlene Muskatnuss
75 g Parmesan, frisch gerieben
3–4 EL Brotbrösel
Mehl zum Wenden
Bratbutter

- Den Kürbis leicht mit Meersalz bestreuen, beschweren und Saft ziehen lassen.
- Die Eier mit den Gewürzen verquirlen. Parmesan und Brotbrösel mischen. Den Kürbis trockentupfen, in Mehl wenden und gut abschütteln. Dann portionenweise im Ei und in der Käsemischung wenden. Die Panade gut andrücken. In Bratbutter unter Wenden langsam braten, bis der Kürbis weich ist.
- Dazu passen Zitronenschnitze.

Kürbissoufflé

Für 1 Souffléform von ca. 1 ½ l Inhalt

Butter und Brotbrösel für die Form
¼ l Rahm
100 ml Milch
50 g Mehl
Pfeffer
reichlich Piment (Nelkenpfeffer)
400 g Kürbispüree (Küchenpraxis Seite 16), z.B. Oranger Knirps, Musquée de Provence, Pleine de Naples, Pink Banana
100 g alter Manchego oder Pecorino, frisch gerieben
4 Eigelb
5–6 Eiweiss
¼ TL Backpulver

- Den Boden der Form buttern und mit Brotbröseln bestreuen (Rand nicht, damit die Soufflémasse hochgehen kann und oben bleibt).
- Rahm, Milch und Mehl unter Rühren aufkochen. 10 Minuten köcheln lassen. Ab und zu rühren. Mit Pfeffer und Piment abschmecken. Auskühlen lassen.
- Kürbis, Käse und Eigelb unter die Sauce mischen, nach Bedarf salzen. Das Eiweiss mit dem Backpulver steif schlagen. Locker darunter heben. In die Form füllen. Im unteren Teil des auf 180 Grad vorgeheizten Backofens 25 Minuten backen. Die Ofentemperatur auf 220 Grad erhöhen und weitere 15 Minuten backen. Sofort servieren.
- Dazu passt gemischter Blattsalat.

Gratinierter Spaghettikürbis

2 mittelgrosse Spaghettikürbisse, ca. 1,2 kg
200 g Appenzeller oder Greyerzer, frisch gerieben
150 g Doppelrahm
1–2 EL Williams
feines Meersalz
schwarzer Pfeffer
Muskatnuss

- Die Kürbisse rundum mehrmals einstechen. Im Dampf zugedeckt knapp weich garen. Der Länge nach halbieren, die Kerne samt Fasern entfernen. Das Kürbisfleisch mit einer Gabel lockern und aus der Schale lösen. In ein Sieb geben und gut auspressen.
- Den Kürbis mit Käse, Doppelrahm, Schnaps, Meersalz, Pfeffer und Muskatnuss mischen. In ofenfeste Portionenförmchen geben. In der Mitte des auf 200 Grad vorgeheizten Backofens 20–25 Minuten gratinieren.
- Dazu passt dunkel gebackenes Brot.

Kürbisfrittata

250 g kleine Kürbiswürfel (Küchenpraxis Seite 15), z.B. Oranger Knirps, Musquée de Provence, Pleine de Naples, Pink Banana
250 g gemischte Pilze, z.B. Austernpilze, Shiitake
Kürbiskernöl zum Rührbraten
Salz, Pfeffer
1–2 EL Rosmarin, gehackt
wenig Ysop oder frische Lavendelblüten
6 Eier
125 g Doppelrahm
2–3 EL frisch geriebener Parmesan

- Kürbis und Pilze in Öl bei grosser Hitze 3–5 Minuten rührbraten. Würzen. Von der Herdplatte ziehen.
- Die Eier mit Doppelrahm und Parmesan verquirlen. Darüber giessen und bei kleiner Hitze stocken lassen. Heiss servieren.
- Dazu passt gemischter Blattsalat.

Süsssaures Kürbispüree

1 weisse Zwiebel, fein gehackt
1 Knoblauchzehe, fein gehackt
Kürbiskernöl zum Dünsten
750 g Kürbiswürfel (Küchenpraxis Seite 15), z.B. Oranger Knirps, Musquée de Provence, Jarrahdale, Flat White Boer, Pink Banana
feines Meersalz
1½ TL gemahlene Kreuzkümmelsamen
¼ TL Kurkuma
gemahlener Paprika
Cayennepfeffer
2–3 grosse Fleischtomaten, enthäutet, entkernt, in Würfel geschnitten
2 EL Palmzucker oder 1 EL Honig
1 Limone, Saft

- Zwiebel und Knoblauch in Öl unter Rühren goldbraun dünsten. Den Kürbis beifügen, die Gewürze darüber stäuben und die Tomaten dazugeben. Zugedeckt bei kleiner Hitze weich garen. Nach Bedarf wenig Wasser dazugiessen. Ab und zu rühren.
- Den Zucker oder Honig und den Limonensaft beifügen. Offen zu einem dicken Püree einkochen. Mit Salz abschmecken.
- Als Beilage zu grilliertem Fleisch, Fisch, Geflügel oder Gemüse servieren.

Variante:
Die Gewürze durch Madras-Curry ersetzen.

Spaghettikürbis mit Basilikumbutter

2 mittelgrosse Spaghettikürbisse, ca. 1,2 kg
50 g Butter, weich
3 EL kaltgepresstes Olivenöl
4–6 Basilikumzweige, fein geschnitten
feines Meersalz
Koriandersamen oder Pfeffer, grob zerstossen

• Die Kürbisse der Länge nach halbieren, die Kerne samt Fasern entfernen. Im Dampf zugedeckt weich garen, bis das Kürbisfleisch gelockert werden kann.
• Die Butter mit Öl, Basilikum, Meersalz, Koriander oder Pfeffer verrühren. Zugedeckt kalt stellen.
• Das Kürbisfleisch mit einer Gabel lockern, aber in der Schale lassen. Die Basilikumbutter stückchenweise darunter mischen. Sofort servieren.
• Dazu passt Ciabatta oder Focaccia (italienisches Weissbrot).

Tip:
Garvarianten: Den Kürbis statt im Dampf in siedendem Salzwasser weich garen. Oder, statt ihn zu halbieren, ganz lassen und rundum mehrmals einstechen.

Varianten:
Geriebenen Pecorino und/oder Parmesan dazu servieren.
Basilikumbutter weglassen und Pestosauce unter das gelockerte Kürbisfleisch mischen.

Rührei mit Kürbis und Rucola

450 g Kürbiswürfel (Küchenpraxis Seite 15), z.B. Butternut, Musquée de Provence, Pleine de Naples
2–3 Corni di bue oder Hungarian Wax (Peperoni/Paprika), in Ringe geschnitten, Samen entfernt
2 Knoblauchzehen, fein gehackt
Olivenöl zum Rührbraten
feines Meersalz
schwarzer Pfeffer
einige Koriandersamen, grob zerstossen
1 Bund Rucola, grobe Stiele entfernt, in breite Streifen geschnitten
6 Eier, verquirlt

• Kürbis, Peperoni/Paprika und Knoblauch in Öl bei grosser Hitze 3–5 Minuten rührbraten. Würzen. Die Temperatur reduzieren und den Kürbis unter gelegentlichem Wenden weiterbraten, bis er weich und leicht karamelisiert ist.
• Den Rucola beifügen, darunter mischen und zusammenfallen lassen. Die Temperatur höher stellen. Die Eier dazugiessen und mit einem Spachtel hin- und herschieben, bis sie gestockt sind. Sofort servieren.

Spaghettikürbis mit Basilikumbutter

Nudeln mit Kokosnuss-Kürbis

1–2 EL rote Currypaste (in thailändischen Lebensmittelgeschäften erhältlich)
Kürbiskernöl
450 g Kürbiswürfel (Küchenpraxis Seite 15), z.B. Butternut, Jarrahdale, Black Rinded Futsu
1 Zitronengrasstengel, nur innerer Teil, fein geschnitten
3 Bundzwiebeln, fein geschnitten
2 Kaffirlimettenblätter, in feine Streifen geschnitten
je ½ TL gemahlener Kardamom und Koriandersamen
400 ml Kokosnussmilch
200 ml Hühnerbouillon
Fischsauce

400 g feine Eiernudeln, z.B. Tagliatelle
Chilistreifen und fritierte Schalottenringe
Sojasprossen und Korianderzweige zum Garnieren

- Die Currypaste in Öl andüsten, bis sie duftet. Kürbis, Zitronengras, Bundzwiebeln, Kaffirlimettenblätter und Gewürze beifügen. Die Kokosnussmilch dazugiessen und zugedeckt bei kleiner Hitze 20 Minuten köcheln lassen. Nach Bedarf etwas Bouillon dazugiessen. Mit Fischsauce abschmecken.
- Die Nudeln al dente kochen, abgiessen und in kleine Schalen verteilen. Den Kürbis mit Sauce darauf geben. Chili und Schalottenringe darüber streuen. Mit Sojasprossen und Koriander garnieren.

Pasta con zucca e rucola

450 g Kürbiswürfel (Küchenpraxis Seite 15), z.B. Butternut, Jarrahdale, Hubbard
Olivenöl
2–4 Knoblauchzehen, fein gehackt
2 Bund Rucola, grobe Stiele entfernt
grob gemahlener Pfeffer
400 g rote oder grüne Spaghetti
frisch geriebener Parmesan

- Den Kürbis in Öl unter Wenden braten, bis er leicht Farbe bekommt. Den Knoblauch beifügen und kurz mitbraten. Den Rucola dazugeben (erst kurz bevor die Spaghetti abgegossen werden) und etwas zusammenfallen lassen. Würzen.
- Die Spaghetti in reichlich siedendem Salzwasser al dente garen. Bis auf einige Esslöffel Kochwasser abgiessen. Das Kürbis-Gemüse dazugeben. Mit Parmesan und Olivenöl servieren.

Variante:
Statt Rucola jungen Blattspinat verwenden.

Pasta con zucca e rucola

Triangoli mit Kürbisfüllung

Teig:
300 g Dunst oder Teigwarenmehl
2 Eier
1 Eigelb
6–7 EL Eiswasser

Füllung:
450 g Kürbispüree (Küchenpraxis Seite 16), z.B. Marina di Chioggia, Flat White Boer, Jarrahdale
50 g Senffrüchte, abgetropft, fein gehackt
6 harte Amaretti, fein zerstossen
100 g Parmesan, frisch gerieben
Salz, Pfeffer
frisch gemahlene Muskatnuss

Butter, mit Olivenöl gemischt, zum Schwenken
1 Salbeizweig

• Für den Teig alle Zutaten zu einem weichen, geschmeidigen Teig zusammenfügen und kneten, bis er elastisch ist. Zu einer Kugel formen, mit etwas Öl bepinseln und zugedeckt bei Raumtemperatur 30 Minuten ruhen lassen.

• Für die Füllung den Kürbis mit den restlichen Zutaten mischen und kräftig würzen. Zugedeckt beiseite stellen.

• Den Teig vierteln. Mit der Nudelmaschine zu vier langen, möglichst breiten und dünnen Bändern auswallen. In Quadrate schneiden (damit es keine Teigreste gibt, die Breite und Länge der Bänder ausnutzen, auch wenn dabei nicht jedes Stück gleich gross wird). Je eine nussgrosse Portion Füllung in die Mitte geben. Die Ränder mit Wasser bepinseln und den Teig in der Hälfte diagonal überschlagen. Die Luft um die Füllung herum mit einem runden Ausstecher (nichtschneidende Seite nach unten) herausdrücken. Die Ränder festdrücken.

• Die Triangoli auf wenig Mehl (siehe Tip) ausbreiten. Mit einem Tuch bedecken.

• Kurz vor dem Servieren in Salzwasser eher ziehen lassen als kochen. Gut abtropfen lassen und in der Butter-Öl-Mischung schwenken. Mit Salbeiblättern bestreuen. Sofort servieren.

Tips:
Die Füllung einen Tag im voraus zubereiten, damit sich die Gewürze so richtig entfalten können. Ravioliaufsatz zur Nudelmaschine oder ein Raviolibrett verwenden.
Zum Auswallen des Teiges (ob von Hand oder mit der Maschine) Dunst oder Teigwarenmehl verwenden – ist griessig und verhindert das Zusammenkleben, ohne dass der Teig immer trockener wird.

Variante:
Senffrüchte und Amaretti weglassen, dafür 150 g Schweinsbratwurstbrät, gekochtes, fein gehacktes Pouletfleisch, gebratene, fein geschnittene Pilze oder Ricotta verwenden.

Rotolo di zucca
Pastaroulade

Teig:
300 g Dunst oder Teigwarenmehl
2 Eier, verquirlt
8–9 EL Eiswasser

Füllung:
450 g Kürbispüree (Küchenpraxis Seite 16), z.B. Marina di Chioggia, Hubbard, Jarrahdale
150–175 g Schafricotta oder anderer Frischkäse, z.B. Formaggini, Latticini, Feta
175 g Parmesan, frisch gerieben
feines Meersalz
Pfeffer
wenig gemahlener Macis (Muskatblüte) und Zimt

Butter, mit Olivenöl gemischt
einige Dillblüten und Purpurbasilikumzweige

• Für den Teig alle Zutaten zu einem weichen, geschmeidigen Teig zusammenfügen und kneten, bis er elastisch ist. Zu einer Kugel formen, leicht mit Öl bepinseln und zugedeckt bei Raumtemperatur 30 Minuten ruhen lassen.
• Für die Füllung den Kürbis mit den restlichen Zutaten mischen. Kräftig würzen. Zugedeckt beiseite stellen.
• Den Teig auf reichlich Dunst oder Teigwarenmehl zu einem grossen, dünnen Rechteck (30 x 40 cm) auswallen. Auf ein feines Tuch legen. Die Füllung mit einem Spachtel darauf verteilen. Den Teig mit Hilfe des Tuches aufrollen und einwickeln. Die Enden des Tuches mehrmals verdrehen, umbiegen und mit Küchenschnur festbinden.
• Die Pastaroulade im Tuch in Salzwasser 20–30 Minuten pochieren. Herausnehmen, aus dem Tuch wickeln und in Scheiben schneiden. Auf vorgewärmten Tellern anrichten. Die aufgeschäumte Butter-Öl-Mischung darüber träufeln. Mit Dillblüten und Basilikumblättern garnieren.

Tips:
Die Roulade nicht zu dick formen (ca. 6–8 cm Durchmesser), so dass sie nicht mehr als 30 Minuten Kochzeit braucht.
Zum Pochieren eine Fischpfanne oder Braisière verwenden.

Lasagne mit Kürbis und Spinat

1 kg Kürbisschnitze (Küchenpraxis Seite 15), z.B. Marina di Chioggia, Hubbard
feines Meersalz
Olivenöl zum Dünsten
Pfeffer
2 Knoblauchzehen, gehackt
500 g feiner Blattspinat, grobe Stiele entfernt, tropfnass
200 g Schafricotta oder anderer Frischkäse, z.B. Formaggini, Latticini, Feta
50 g Pecorino, frisch gerieben

Teig:
400 g Dunst oder Teigwarenmehl
4 Eier, verquirlt
4–6 EL Eiswasser

• Für den Teig alle Zutaten zu einem weichen, geschmeidigen Teig zusammenfügen und kneten, bis er elastisch ist. Zu einer Kugel formen, leicht mit Öl bepinseln und zugedeckt bei Raumtemperatur 30 Minuten ruhen lassen.
• Den Kürbis leicht mit Meersalz bestreuen und Saft ziehen lassen. Trockentupfen und mit Öl bepinseln. In der Mitte des auf 250 Grad vorgeheizten Backofens karamelisieren, bis er weich ist. Das Kürbisfleisch mit einer Gabel von der Schale lösen und grob zerkleinern. 2 Esslöffel Öl beifügen und würzen.
• Den Knoblauch in Öl andünsten. Die Temperatur erhöhen und den Spinat beifügen. Zugedeckt zusammenfallen lassen. Herausnehmen und auskühlen lassen. Mit dem Ricotta und 2 Esslöffeln Pecorino mischen.
• Den Teig vierteln. Mit der Nudelmaschine zu vier langen, möglichst breiten und dünnen Bändern auswallen. In 16 Stücke schneiden. In siedendem Salzwasser portionenweise 1–2 Minuten kochen. Herausnehmen und kalt abschrecken. Auf einem Tuch ausbreiten.

• Den Boden einer geölten ofenfesten Gratinform mit 4 Teigblättern belegen. Die Hälfte des Kürbisses darauf verteilen. Mit 4 Teigblättern bedecken. Den Spinat darauf geben. Weiterfahren, bis die Zutaten aufgebraucht sind. Mit Pecorino abschliessen.
• Kurz vor dem Servieren im oberen Teil des auf Grillstufe vorgeheizten Backofens 5–10 Minuten überbacken.

Tip:
Lasagneblätter kaufen und nach Anweisung auf der Packung garen.

Schnelle Ravioli

40 Wonton-Teigblätter, frisch oder tiefgekühlt (in asiatischen Lebensmittelgeschäften erhältlich)
75 g Butter
2–3 EL geröstete, geschälte, gehackte Haselnüsse

Füllung:
1 kleine Zwiebel, fein gehackt
1 Knoblauchzehe, durchgepresst
Butter zum Dünsten
450 g Kürbispüree (Küchenpraxis Seite 16), z.B. Marina di Chioggia, Flat White Boer
1 TL getrockneter Salbei, gerebelt
ca. 50 g gereifter Crottin de Chavignol (Ziegenkäse), gerieben
feines Meersalz
Pfeffer

• Für die Füllung Zwiebel und Knoblauch in Butter glasig dünsten. Mit Kürbis, Salbei und Käse mischen. Kräftig würzen.
• Je eine nussgrosse Portion Füllung in die Mitte der Teigblätter geben. Die Ränder mit Wasser bepinseln. Mit einem zweiten Blatt bedecken. Die Ränder bis zur Füllung zusammendrücken. Auf wenig Mehl (am besten Dunst, weil der nicht haften bleibt) ausbreiten. Mit einem Tuch bedecken.
• Kurz vor dem Servieren die Ravioli portionenweise in Salzwasser eher ziehen lassen als kochen. Gleichzeitig die Butter mit den Nüssen erwärmen.
• Die Ravioli mit der Schaumkelle herausnehmen und in der Butter-Nuss-Mischung schwenken. Sofort servieren.

Variante:
Ziegenkäse durch reifen Emmentaler ersetzen. Sein Aroma passt gut zu Haselnüssen.

Maisgratin mit Spaghettikürbis

2 kleine Spaghettikürbisse, ca. 500 g
feines Meersalz
2 Bundzwiebeln, fein gehackt
2 Knoblauchzehen, gehackt
Butter zum Dünsten
4 kleine neue Kartoffeln, in Viertel geschnitten
2 Corni di bue (Peperoni/Paprika), in Ringe geschnitten
100 g feiner Maisgriess
2 EL Mehl
100 g Parmesan, frisch gerieben
200 ml Milch
2 Eier
je 1 TL Salz, frisch gemahlener Pfeffer und Thymian

• Die Kürbisse der Länge nach halbieren und in 2 cm grosse Würfel schneiden. Leicht mit Meersalz bestreuen, beschweren und Saft ziehen lassen.
• Die Bundzwiebeln und den Knoblauch in Butter glasig dünsten. Kürbis, Kartoffeln und Peperoni/Paprika beifügen. 5–6 Minuten

rührbraten, bis das Gemüse knapp weich ist. Auskühlen lassen.

• Den Mais mit dem Mehl und 50 g Parmesan mischen. Die Milch mit den Eiern und Gewürzen verquirlen. Zum Maisgemisch geben und glattrühren. Das Gemüse beifügen, mischen. In eine ausgebutterte ofenfeste Form geben. Mit dem restlichen Parmesan bestreuen. In der Mitte des auf 175 Grad vorgeheizten Backofens 30–40 Minuten überbacken.

Cremiger Tomaten-Kürbis-Gratin

600 g Kürbisschnitze, dünn geschnitten (Küchenpraxis Seite 15), z.B. Butternut, Hubbard, Flat White Boer
feines Meersalz
2–3 feste Fleischtomaten, in Scheiben geschnitten
2 mittelgrosse Kartoffeln, geschält, in Scheiben geschnitten, z.B. Agria
50 g Brotbrösel
3 EL geriebener Greyerzer
2 EL gehackte glattblättrige Petersilie
½ Zitrone, abgeriebene Schale

Guss:
300–400 ml Rahm
2 Knoblauchzehen, durchgepresst
2 Thymianzweige
Salz, Pfeffer
reichlich gemahlene Muskatnuss

• Den Kürbis leicht mit Meersalz bestreuen, beschweren und Saft ziehen lassen. Die Tomaten auf Haushaltpapier abtropfen lassen.

• Für den Guss alle Zutaten unter Rühren heiss werden lassen.

• Den Kürbis mit Tomaten und Kartoffeln lagenweise in eine ausgebutterte ofenfeste Form schichten. Den heissen Guss darüber verteilen. Zugedeckt in der Mitte des auf 175 Grad vorgeheizten Backofens 45–50 Minuten backen. Die Ofentemperatur auf 200 Grad erhöhen.

• Brotbrösel, Greyerzer, Petersilie und Zitronenschale mischen. Über den Gratin streuen. Offen 20 Minuten überbacken. Heiss servieren.

Kürbis indische Art

1 kg Kürbiswürfel (Küchenpraxis Seite 15), z.B. Acorn, Jarrahdale
feines Meersalz
1 rote Zwiebel, fein gehackt
2 Knoblauchzehen, durchgepresst
Bratbutter zum Dünsten
1–2 TL schwarze Senfsamen
1½ TL Kreuzkümmelsamen, grob gemahlen
1 TL Koriandersamen, grob gemahlen
½ TL gemahlener Kurkuma
1 EL Rohzucker
400 ml Wasser
4 EL Kokosraspel, leicht geröstet

• Den Kürbis leicht mit Meersalz bestreuen, beschweren und Saft ziehen lassen.

• Zwiebel und Knoblauch in Bratbutter glasig dünsten. Die Senfsamen beifügen und unter Rühren erhitzen, bis sie puffen. Gewürze und Zucker darüber streuen, mischen. Den Kürbis beifügen und mitdünsten, bis er mit den Gewürzen überzogen ist. Das Wasser dazugiessen und den Kürbis bei kleiner Hitze garen, bis fast alle Flüssigkeit aufgesogen ist.

• Die Kokosraspel beifügen. Nach Bedarf mit Salz abschmecken.

• Als Beilage zu grilliertem Geflügel, Lamm oder Fisch servieren.

Rührgebratener Kürbis mit Pilzen

400 g Kürbiswürfel (Küchenpraxis Seite 15), z.B. Marina di Chioggia, Jarrahdale, Flat White Boer
feines Meersalz
Sesamöl zum Rührbraten
1 EL Sesamsamen
400 g Shiitake-Pilze, in Streifen geschnitten
1–2 TL Rohzucker
1–2 EL Reiswein
200 ml Hühnerbouillon
2–3 Sternanis
1 Stück Orangenschale
3 EL Sojasauce
2 feine Bundzwiebeln, fein geschnitten
25 g Reis- oder Glasnudeln, fritiert

- Den Kürbis leicht mit Meersalz bestreuen, beschweren und Saft ziehen lassen. Trockentupfen und in Öl rührbraten, bis er leicht Farbe annimmt. Den Sesam darüber streuen. Herausnehmen und zugedeckt warm stellen.
- Die Pilze in wenig Öl kurz rührbraten, bis sie zusammenfallen. Zucker und Reiswein beifügen. Mit der Bouillon ablöschen. Sternanis und Orangenschale dazugeben. Mit Sojasauce abschmecken. Bei kleiner Hitze köcheln, bis die Flüssigkeit fast eingekocht ist.
- Den Kürbis auf vorgewärmten Tellern anrichten. Die Pilze darauf verteilen. Mit den Zwiebeln und Glasnudeln bestreuen. Sofort servieren.
- Als Beilage zu rührgebratenem Pak-Choi und Parfümreis servieren.

Tip:
Reis- oder Glasnudeln puffen beim Fritieren, werden ganz knusprig und sehen sehr dekorativ aus. Das Fett muss genügend heiss sein.

Eintopf mit Kürbis und Bohnen

3 Schalotten, fein geschnitten
Kürbiskernöl zum Dünsten
300 g Pfälzer Rüebli (gelbe Karotten), geschält, in Scheiben geschnitten
1 kleiner Bodenkohlrabi, geschält, in Schnitze geschnitten
¼ Knollensellerie, geschält, in Stengel geschnitten
1–2 rote Peperoncini, halbiert, entkernt, fein geschnitten
150 g getrocknete Bohnen, eingeweicht und gekocht (siehe Rezepte Seite 23 und 43)
½ Zimtstengel
1 Lorbeerblatt
2–3 Korianderzweige, wenn möglich mit Wurzeln, fein gehackt
600–800 ml Gemüsebouillon
300 g Kürbiswürfel (Küchenpraxis Seite 15), z.B. Oranger Knirps, Musquée de Provence
150 g Doppelrahm
Salz, Pfeffer
einige Minzenblättchen

- Die Schalotten in Öl glasig dünsten. Das Gemüse beifügen und mitdünsten. Peperoncini, Bohnen, Gewürze und Kräuter dazugeben, mischen. Mit Bouillon ablöschen. Bei kleiner Hitze 10–15 Minuten garen.
- Den Kürbis beifügen, nach Bedarf noch etwas Bouillon dazugiessen und köcheln lassen, bis er weich ist. Den Doppelrahm dazugeben und sämig einkochen lassen. Mit Salz und Pfeffer abschmecken. Minzenblättchen darüber streuen.
- Dazu passen Weizen-Tortillas oder Mais-Chips.

Rührgebratener Kürbis mit Pilzen

Rotes Curry mit Kürbis und Crevetten

2–4 EL rote Currypaste (in thailändischen Lebensmittelgeschäften erhältlich)
4 EL Kokosnusscreme oder Kokosnussöl
1 EL Palmzucker
2 EL Fischsauce
300 g Kürbiswürfel (Küchenpraxis Seite 15), z.B. Butternut, Jarrahdale, Hubbard
400–600 ml Kokosnussmilch
8–12 Crevetten, bis aufs Schwanzstück geschält, gesäubert
4–6 Kaffirlimettenblätter, fein geschnitten
2–4 gelbe oder grüne Chili, fein geschnitten
Thai-Basilikum

- Die Currypaste in 2 Esslöffeln Kokosnusscreme unter Rühren andünsten. Nach etwa 5 Minuten die restliche Kokosnusscreme und den Zucker beifügen. Kurz dünsten, dann die Fischsauce und den Kürbis dazugeben und mitdünsten. Die Kokosnussmilch beifügen und halb zugedeckt bei kleiner Hitze garen, bis der Kürbis weich ist. Die Crevetten dazugeben und kurz heiss werden lassen, bis sie die Farbe wechseln. Kaffirlimettenblätter, Chili und Basilikum darüber streuen.
- Dazu passt Basmatireis.

Salat nach Thai-Art

2 mittelgrosse Spaghettikürbisse, ca. 1,2 kg
3–4 grüne Chili (Bird's eye)
4 Knoblauchzehen, fein gehackt
50 g Thai-Bohnen, in Stücke geschnitten
2–3 EL ungesalzene Erdnüsse, geröstet
2 EL getrocknete Crevetten
6 rosa Thai-Tomaten, ersatzweise Cherrytomaten, in Viertel geschnitten

Sauce:
50 ml Limonensaft
je 1 EL Palmzucker und Fischsauce
Korianderzweige

- Die Kürbisse rundum mehrmals einstechen. Im Dampf zugedeckt knapp weich garen. Der Länge nach halbieren, die Kerne samt Fasern entfernen. Das Kürbisfleisch mit einer Gabel lockern und aus der Schale lösen. In ein Sieb geben und gut auspressen.
- Wenig Kürbis mit Chili und Knoblauch im Mörser zerstossen. Mit den restlichen Zutaten mischen.
- Für die Sauce Limonensaft, Zucker und Fischsauce verrühren. Mit dem Kürbis mischen. Mit Korianderblättchen bestreuen.
- Als Vorspeise zu Currys oder anderen asiatischen Gerichten servieren.

Rotes Curry mit Kürbis und Crevetten

Kürbisflan mit Baiser

Für 1 Pieform von 30 cm Durchmesser
mit hohem Rand (8–12 Portionen)

200 g Zucker

Flan:
100 g Butter, flüssig, ausgekühlt
50 g Mehl
ca. 750 g Kürbispüree (Küchenpraxis Seite 16),
z.B. Butternut, Acorn
6 grosse Eier, verquirlt
400 g Kokosnusscreme
400 ml gezuckerte Kondensmilch
400 ml ungezuckerte Kondensmilch

Baiser:
3 Eiweiss
1 Prise Salz
175 g Zucker

- Den Zucker hell karamelisieren. In die Form geben. Durch Drehen und Wenden den Boden damit überziehen. Auskühlen lassen.
- Für den Flan Butter und Mehl mit einer Gabel vermischen. Den Kürbis beifügen und glattrühren. Die restlichen Zutaten dazugeben. Die Masse in der Form verteilen, mit Folie bedecken und in ein mit Wasser gefülltes Blech stellen. In der Mitte des auf 175 Grad vorgeheizten Backofens 60–70 Minuten ziehen lassen (die Masse darf nicht mehr flüssig sein). Herausnehmen und auf dem Blech auskühlen lassen. Das Wasser abgiessen, die Form auf dem Blech lassen. Den Backofen nicht ausschalten.
- Für das Baiser das Eiweiss mit Salz steif schlagen. Den Zucker einrieseln lassen und weiterschlagen, bis die Masse sehr fest ist und glänzt. Mit einem grossen Löffel auf dem Flan verteilen. Das Baiser in der Mitte des Backofens 5–10 Minuten golden überbacken. Herausnehmen und auskühlen lassen.

Tip:
Den Flan am Vortag zubereiten und zugedeckt kalt stellen. Kurz vor dem Servieren mit dem Baiser überbacken.

Kürbis-Preiselbeer-Brot

Für 1 Cakeform von 25 cm Länge

Butter für die Form

Teig:
200 g Kürbispüree (Küchenpraxis Seite 16),
z.B. Flat White Boer, Jarrahdale, Marina
di Chioggia, Oranger Knirps
175 g Zucker
3 EL Wasser
2 grosse Eier, verquirlt
3 EL Nussöl
½ TL Salz
je ¼ TL gemahlener Zimt und Ingwer
1 gute Messerspitze gemahlener Piment
(Nelkenpfeffer)
275 g Mehl
2 TL Backpulver
¼ TL Natron oder Baking Soda
150 g frische Preiselbeeren oder Cranberries
(Kulturpreiselbeeren)

- Für den Teig den Kürbis mit Zucker, Wasser, Eiern, Öl und Gewürzen verrühren. Das Mehl, mit dem Backpulver und Natron oder Baking Soda mischen und beifügen. Die Beeren rasch darunter heben.
- Die Masse in die ausgebutterte Form füllen. In der Mitte des auf 175 Grad vorgeheizten Backofens 60–75 Minuten backen. Nadelprobe machen. Herausnehmen, 10 Minuten in der Form auskühlen lassen, dann stürzen.

Kürbis-Preiselbeer-Brot

Kürbisbrot

Teig:
350 g Kürbiswürfel (Küchenpraxis Seite 15), z.B. Flat White Boer, Jarrahdale, Marina di Chioggia
3 EL Nussöl
2½ TL feines Meersalz
15 g Hefe
3 TL Rohzucker
1 EL Wasser, handwarm
350 g Halbweissmehl

1 Ei, mit 1 Prise Salz verquirlt, zum Bestreichen

- Für den Teig den Kürbis im Dampf weich garen, zusammen mit Öl und Meersalz pürieren (Küchenpraxis Seite 16). Auskühlen lassen.
- Die Hefe mit Zucker und Wasser glattrühren. Bei Raumtemperatur 10–15 Minuten gehen lassen.
- Das Mehl in eine Schüssel geben. In die Mitte eine Vertiefung drücken. Das Kürbispüree und die Hefe dazugeben, rasch zu einem geschmeidigen Teig zusammenfügen und auf wenig Mehl kneten, bis er weich und glatt ist. Zu einem runden oder länglichen Brotlaib formen. Auf ein mit Backpapier belegtes Blech geben. Mit einem feuchten Tuch bedecken und bei Raumtemperatur 60–90 Minuten auf das Doppelte aufgehen lassen.
- Den Brotlaib mit Ei bestreichen. Nach Belieben mit einem scharfen Messer mehrmals einschneiden. In der Mitte des auf 220 Grad vorgeheizten Backofens 10–15 Minuten backen. Die Ofentemperatur auf 190 Grad reduzieren und das Brot weitere 20–30 Minuten backen. Herausnehmen und auf einem Gitter auskühlen lassen.
- Dazu passen gesüsster Quark und Früchte- oder Beerenkompott.

Tips:
Das Brot in Scheiben schneiden und toasten – schmeckt wunderbar!
Je nach Feuchtigkeit des Pürees braucht es 1–3 Esslöffel Flüssigkeit zusätzlich, z.B. Wasser, Orangensaft oder Buttermilch.

Variante:
Nach Belieben das Brot süss zubereiten: 3–5 Esslöffel Zucker oder Honig verwenden.

Kürbislebkuchen

Für 1 Springform von 20–22 cm Durchmesser

Butter für die Form

Teig:
225 g Mehl
je ½ TL Backpulver und Natron oder Baking Soda
¾ TL Salz
1½ TL gemahlener Ingwer
1 TL gemahlener Zimt
½ TL gemahlene Muskatnuss
¼ TL gemahlene Nelken
2 grosse Eier, verquirlt
250 g Zucker
3–4 EL Kürbiskern- oder Haselnussöl
200 g Kürbispüree (Küchenpraxis Seite 16), z.B. Butternut, Oranger Knirps
75 ml Rahm oder Milch

Glasur:
100 g Butter, weich
125 g Zucker
175 g Mascarpone
1 TL Vanilleextrakt
je 125 g Kürbis- und Sonnenblumenkerne, geröstet

• Die Form ausbuttern. Den Backofen auf 175 Grad vorheizen.
• Für den Teig das Mehl mit Backpulver und den Gewürzen mischen. Die Eier mit Zucker und Öl schaumig rühren. Das Kürbispüree und Rahm oder Milch beifügen. Zu einem feuchten Teig zusammenfügen.
• Den Teig in die Form geben und die Oberfläche glattstreichen. In der Mitte des Backofens 30–40 Minuten backen. Nadelprobe machen. Herausnehmen, 10 Minuten in der Form auskühlen lassen, dann stürzen.
• Für die Glasur die Butter mit dem Zucker schaumig rühren, bis die Kristalle aufgelöst sind. Den Mascarpone und das Vanilleextrakt beifügen und leicht darunter mischen.
• Kurz vor dem Servieren auf den Kuchen streichen. Mit Kürbis- und Sonnenblumenkernen bestreuen.

Varianten:
Die Gewürze durch 3¼ Teelöffel Lebkuchengewürz (fertige Mischung) ersetzen.
Die Masse in 12 kleinen Förmchen (Muffinblech) von 6–8 cm Durchmesser backen: Backzeit 25–30 Minuten.

Kürbis-Nuss-Cake

Für 1 Cakeform von 30 cm Länge

Butter und Zucker für die Form
12 kleine Duftgeranienblätter, z.B. mit Orangen- oder Karottenduft
Puderzucker zum Bestäuben

Teig:
250 g Kürbisschnitze (Küchenpraxis Seite 15), z.B. Butternut, Jarrahdale, Flat White Boer
1 gute Messerspitze Salz
200 g Butter, weich
250 g Zucker
5 Eier, verquirlt
250 g gemahlene Mandeln oder Pekannüsse
1 Orange, abgeriebene Schale
250–300 g Mehl
2 TL Backpulver

• Für den Teig den Kürbis fein raffeln und mit Salz mischen. In ein Sieb geben und abtropfen lassen. Die Form ausbuttern, mit Zucker ausstreuen und mit Duftgeranienblättern auslegen. Kalt stellen.
• Die Butter glattrühren. Zucker und Eier abwechslungsweise nach und nach dazugeben und schaumig rühren. Den Kürbis gut auspressen und trockentupfen. Zusammen mit den Mandeln oder Nüssen und der Orangenschale zur Eimasse geben. Mehl und Backpulver mischen und kräftig darunter rühren. Den Teig in die Form verteilen. Im unteren Teil des auf 175 Grad vorgeheizten Backofens 60–70 Minuten backen.
• Den Cake in der Form etwas auskühlen lassen, dann stürzen. Mit Puderzucker bestäuben.

Variante:
Statt Puderzucker mit einer Glasur (siehe Rezept Kürbislebkuchen Seite 64) bestreichen.

Kürbis-Nuss-Muffins

Für 1 Muffinblech mit 12–15 Vertiefungen von 6–8 cm Durchmesser

Butter für die Form

Teig:
200 g Kürbispüree (Küchenpraxis Seite 16), z.B. Butternut, Oranger Knirps, Hubbard
140 g Rohzucker
2 EL Melasse oder flüssiger Honig
2 Eier, verquirlt
3 EL Milch oder Buttermilch
100 g Butter, flüssig
je 140 g Halbweiss- und Weissmehl
1½ TL Backpulver
¼ TL Natron oder Baking Soda
½ TL Salz
je 1 TL Vanillepulver und gemahlener Zimt
½ TL gemahlener Ingwer
¼ TL gemahlene Nelken
1 gute Messerspitze frisch geriebene Muskatnuss
100 g Weichspeckbirnen, fein gehackt
2 EL Baumnüsse, fein gehackt

- Das Blech ausbuttern und kalt stellen. Den Backofen auf 200 Grad vorheizen.
- Für den Teig den Kürbis mit Zucker, Melasse oder Honig, Eiern, Milch oder Buttermilch und Butter verrühren. Das Mehl mit dem Backpulver, dem Natron und den Gewürzen mischen. Die Kürbismasse dazugeben und zu einem Teig zusammenfügen (er muss schwer reissend von der Kelle fallen). Die gehackten Speckbirnen darunter heben.
- Gut drei Viertel hoch im Blech verteilen. Mit den Nüssen bestreuen. In der Mitte des Backofens 20–25 Minuten backen. Nadelprobe machen. Herausnehmen und 5 Minuten stehen lassen. Dann die Muffins sorgfältig aus den Vertiefungen heben.
- Lauwarm servieren.

Variante:
Statt Weichspeckbirnen entsteinte Datteln oder Kurpflaumen verwenden.

Kürbis-Nuss-Muffins

Cheesecake mit Kürbis

Für 1 Springform von 20–22 cm Durchmesser

Teig:
200 g Schokolade- oder Ingwerbiskuits (Sablés)
75–100 g Butter, flüssig

Füllung:
250 g Doppelrahmfrischkäse, z.B. Philadelphia Cream Cheese
150 g Zucker
100 g Rohzucker
4 Eier, verquirlt
je 1 TL gemahlener Zimt, Ingwer und Vanillepulver
½ TL gemahlener Macis (Muskatblüte) oder Muskatnuss
400 g Kürbispüree (Küchenpraxis Seite 16), z.B. Butternut, Hubbard
2 EL Doppelrahm
3–4 Blatt Gelatine, eingeweicht
400 g Crème fraîche oder Sauerrahm

• Für den Teig die Biskuits im Cutter oder mit dem Wallholz feinkrümelig mahlen. So viel Butter beifügen, bis die Masse zusammenhält. Von Hand auf dem Boden der Form verteilen und den Rand gut 2 cm hochdrücken. Zugedeckt 20 Minuten kalt stellen. Dann in der Mitte des auf 175 Grad vorgeheizten Backofens 8–10 Minuten vorbacken. Herausnehmen und auskühlen lassen.

• Für die Füllung den Doppelrahmfrischkäse mit den Schneebesen des elektrischen Handrührgeräts kurz aufrühren. 100 g Zucker, den Rohzucker und die Eier beifügen und kurz darunter rühren.

• Die Gewürze mischen. 1 Teelöffel davon mit dem Kürbis und dem Doppelrahm verrühren. Unter die Frischkäsemasse mischen und auf dem Teigboden verteilen. Die Form dick in Folie wickeln, auf ein Blech setzen und so hoch wie möglich warmes Wasser dazugiessen. Im unteren Teil des auf 160–170 Grad vorgeheizten Backofens 60–70 Minuten backen. Herausnehmen und auskühlen lassen.

• Die Gelatine gut auspressen und in warmem Wasser flüssig werden lassen. Mit Crème fraîche oder Sauerrahm, dem restlichen Zucker und der Gewürzmischung verrühren. Auf dem Cake verteilen. Zugedeckt 6–8 Stunden kalt stellen.

Tip:
Den Cake 2 Tage im voraus backen. Gut gekühlt servieren.

Cheesecake mit Kürbis

Marmorwürfel

Für 1 Form von 30x20x4 cm

Teig:
75 g Doppelrahmfrischkäse
75 g Zucker
1 Ei, verquirlt
150 g Kürbispüree (Küchenpraxis Seite 16), z.B. Jarrahdale, Marina di Chioccia, Hubbard
1–2 EL Mehl
1 EL Vanillepulver
je ½ TL gemahlener Zimt und Ingwer
150 g Zartbitterschokolade, gehackt
150 g Butter, weich
4 Eier, zimmerwarm
150 g Zucker
200 g Mehl
100 g Baumnüsse, gehackt
1 TL Vanillepulver
½ TL Salz

Kakaopulver zum Bestäuben

- Die Form mit Backpapier auskleiden.
- Für den Teig den Doppelrahmfrischkäse mit Zucker und Ei schaumig rühren. Kürbis, Mehl und Gewürze beifügen. Zugedeckt beiseite stellen.
- Die Schokolade mit der Butter im warmen Wasserbad schmelzen. Auskühlen lassen. Die Eier mit dem Zucker zu einer schaumig-festen Creme aufschlagen (über dem warmen Wasserbad geht es schneller). Die Schokolade rasch darunter ziehen. Mehl, Nüsse, Vanillepulver und Salz mischen, beifügen und locker darunter heben. Die Schokolademasse in der Form verteilen. Die Kürbismasse darauf geben. Mit einer Gabel kreisförmig mischen (marmorieren). In der Mitte des auf 175 Grad vorgeheizten Backofens 40–50 Minuten backen. Nadelprobe machen.
- In der Form etwas auskühlen lassen. Dann mit dem Backpapier herausheben und in Würfel schneiden. Mit Kakaopulver bestäuben.

Crème brûlée potimarron

Für 4–6 flache ofenfeste Förmchen von 200–250 ml Inhalt

Butter für die Förmchen

3 Eigelb
50 g Zucker
¼ l Rahm
50 g Doppelrahm oder Crème fraîche
100 g Kürbispüree (Küchenpraxis Seite 16), z. B. Butternut, Marina di Chioggia
¼ TL gemahlener Zimt
je 1 Prise gemahlener Ingwer, Nelken und Muskatnuss
½ TL Vanilleextrakt
½ EL Rum
2–3 EL gemahlener Rohzucker

- Das Eigelb mit 25 g Zucker schaumig rühren. Rahm, Doppelrahm oder Crème fraîche und den restlichen Zucker unter Rühren bis knapp vor den Kochpunkt bringen. Unter Rühren zum Eigelbschaum giessen. Den Kürbis, die Gewürze, den Vanilleextrakt und den Rum beifügen. In die ausgebutterten Förmchen verteilen und diese mit Folie bedecken. In ein mit Wasser gefülltes Blech stellen und in der Mitte des auf 200 Grad vorgeheizten Backofens 30 Minuten ziehen lassen. Herausnehmen und auf dem Blech auskühlen lassen. Zugedeckt kalt stellen.
- Kurz vor dem Servieren mit Rohzucker bestreuen. Mit dem Bunsenbrenner oder kurz im oberen Teil des auf höchster Grillstufe vorgeheizten Backofens karamelisieren. Sofort servieren.

Tip:
Das Kürbispüree in einer flachen Pieform von 18–20 cm Durchmesser ziehen lassen.

Marmorwürfel

Pumpkin Caramel Pudding

Für 1 Pudding- oder Glasgugelhupfform
von 2 l Inhalt

Butter und Mohnsamen für die Form

Karamel:
150 g Zucker
50 g Ahornsirup
1 EL Wasser
100 ml Rahm
50 g Butter

Pudding:
500 g Kürbispüree (Küchenpraxis Seite 16),
z.B. Butternut, Oranger Knirps
3 Eier, getrennt
1 TL abgeriebene Orangenschale
100 g Mehl
1 TL Backpulver
gut 1/4 TL Salz
1/2 TL gemahlener Zimt
reichlich frisch gemahlene Muskatnuss
4 EL Zucker

- Die Form ausbuttern, mit Mohnsamen ausstreuen und auf ein Blech setzen. Den Backofen auf 190 Grad vorheizen.
- Für das Karamel den Zucker mit Ahornsirup und Wasser bei kleiner Hitze hell karamelisieren. Ab und zu rühren. Den Rahm und die Butter dazugeben, mischen. Von der Herdplatte ziehen und auskühlen lassen.
- Für den Pudding den Kürbis mit dem Karamel, dem Eigelb und der Orangenschale verrühren. Mehl, Backpulver, Salz und die Gewürze mischen und beifügen. Das Eiweiss steif schlagen, den Zucker einrieseln lassen und weiterschlagen, bis die Masse glänzt und sehr fest ist. Rasch unter die Kürbismasse mischen und in die Form verteilen. In der Mitte des Backofens 40–50 Minuten backen. Herausnehmen, sorgfältig aus der Form lösen und lauwarm servieren.

Tip:
Den Pudding am Vortag backen, in der Form auskühlen lassen und zugedeckt kalt stellen. Im auf 200 Grad vorgeheizten Backofen 10–15 Minuten aufbacken und warm servieren.

Tiramisù di zucca

1 Schokoladenbiskuit-Tortenboden, zweimal durchgeschnitten, ca. 150 g
200 ml starker Espresso-Kaffee, ausgekühlt
3 EL Kaffeelikör
200 g Kürbispüree (Küchenpraxis Seite 16), z.B. Butternut, Oranger Knirps, Hubbard
50 g Zucker
50 g Rohzucker
je 1/4 TL gemahlener Zimt und Ingwer
reichlich gemahlene Muskatnuss
250 g Mascarpone, kalt
200 g Doppelrahm oder Rahm, steif geschlagen
Kakaopulver, mit 1 Messerspitze gemahlenem Zimt gemischt

- Einen Biskuitboden in eine passende Porzellanform geben. Kaffee und Likör mischen, ein Drittel davon auf den Biskuitboden träufeln. Kalt stellen.
- Den Kürbis mit dem Zucker und den Gewürzen mischen. Den Mascarpone kurz glattrühren. Doppelrahm oder Rahm und den Kürbis locker darunter heben.
- Ein Drittel der Kürbiscreme auf dem Biskuit verteilen und glattstreichen. Einen zweiten Biskuitboden darauf legen. Mit einem weiteren Drittel der Kaffeemischung beträufeln und mit einem weiteren Drittel der Creme bestreichen. Den dritten Biskuitboden darauf legen. Mit dem restlichen Kaffee beträufeln und mit der restlichen Creme abschliessen. Reichlich Kakaopulver

darüber stäuben. Zugedeckt 6–8 Stunden kalt stellen.
• Kurz vor dem Servieren nochmals mit Kakaopulver bestäuben. In Portionen schneiden.

Variante:
Statt Biskuitböden Löffelbiskuits verwenden.

Montebianco mit Kürbis

ca. 2 kg Kürbisschnitze (Küchenpraxis Seite 15), z.B. Marina di Chioggia, Jarrahdale
75 g ungezuckertes Kakaopulver
Puderzucker zum Bestäuben

Sirup:
200 ml Wasser
100 g Zucker
3 EL Nusslikör
1 Messerspitze Vanillepulver

• Den Kürbis auf ein mit Folie belegtes Blech stellen und 100 ml Wasser dazugiessen. In der Mitte des auf 180 Grad vorgeheizten Backofens weich schmoren. Herausnehmen, schälen und durchpassieren (Passe-vite). Das Kakaopulver darunter mischen.
• Für den Sirup Wasser und Zucker sirupartig einkochen. Auskühlen lassen. Likör und Vanillepulver beifügen und den Sirup unter die Kürbismasse mischen. Zugedeckt kalt stellen.
• 2 Stunden vor dem Servieren die Kürbismasse durch die Vermicelles-Presse bergartig direkt auf eine Platte drücken. Kalt stellen. Mit Puderzucker bestäubt servieren.
• Dazu passt flaumig geschlagener Rahm oder Vanilleglace.

Tip:
Das Püree unbedingt mit einem trockenen, süsskartoffelähnlichen Kürbis zubereiten.

Torta di zucca

Für 1 Pieform von 26 cm Durchmesser

Butter für die Form

500–600 g Kürbiswürfel (Küchenpraxis Seite 15), z.B. Butternut, Oranger Knirps, Hubbard
2 EL Wasser
100 g Zucker
150 g altbackenes Brioche- oder Toastbrot
¼ l Milch, heiss
250 g helle Sultaninen
4 Eier
2 TL Vanillepulver

• Die Form ausbuttern. Den Kürbis mit dem Wasser zugedeckt bei kleiner Hitze weich garen. Den Zucker darüber streuen und den Kürbis auf der ausgeschalteten Herdplatte ausdampfen lassen.
• Das Brioche- oder Toastbrot in Scheiben schneiden. Die heisse Milch darüber giessen und das Brot quellen lassen. Zusammen mit dem Kürbis pürieren oder durch ein grobes Sieb streichen. Mit Sultaninen, Eiern und Vanillepulver mischen. In die Form geben und in der Mitte des auf 200 Grad vorgeheizten Backofens 45–50 Minuten backen. Lauwarm servieren.
• Dazu passt Vanillesauce oder flaumig geschlagener Nussrahm.

Kürbis-Nuss-Glace

100 g Pekannüsse, gehackt
2 EL flüssige Butter
¼ TL Salz
3 Eigelb
190 g Zucker
½ EL Maisstärke
1 TL Vanillepulver
1 Prise Salz
¼ l Milch
250 g Kürbispüree (Küchenpraxis Seite 16), z.B. Hubbard, Flat White Boer
400 g Crème fraîche, eiskalt

• Die Nüsse mit Butter und Salz mischen. Auf ein mit Backpapier belegtes Blech geben. In der Mitte des auf 175 Grad vorgeheizten Backofens 5–6 Minuten rösten. Herausnehmen und auskühlen lassen.
• Eigelb, Zucker, Maisstärke, Vanillepulver, Salz und Milch unter Rühren bis knapp vor den Kochpunkt bringen. In eine Schüssel giessen und in ein Eiswasserbad stellen. Ab und zu rühren. Den Kürbis und die Crème fraîche beifügen. Die Masse in der Eismaschine gefrieren.
• In einen Kunststoffbehälter füllen und bis zur Verwendung tiefkühlen.

Pumpkin Pancakes

Teig:
275 g Mehl
1 ¼ TL Backpulver
2 EL Zucker
¾ TL Salz
1 EL gemahlener Zimt
1 TL Vanillepulver
½ TL grob gemahlene Koriandersamen
200 g Kürbispüree (Küchenpraxis Seite 16), z.B. Butternut
100 g Butter, flüssig
4 grosse Eier, verquirlt
300–350 ml Milch

Bratbutter zum Backen
Ahornsirup zum Beträufeln

• Für den Teig Mehl, Backpulver und die Gewürze mischen. Den Kürbis mit der Butter, den Eiern und 300 ml Milch verrühren. Nach und nach zum Mehlgemisch geben. Glattrühren, der Teig muss dickflüssig sein, sonst die restliche Milch beifügen.
• Eine Crêpepfanne mit wenig Bratbutter ausstreichen und warm werden lassen. ½ Suppenkelle Teig beim Ansatz des Pfannenstiels hineingiessen. Durch leichtes Drehen der Pfanne den Boden mit Teig überziehen. Bei kleiner Hitze backen, bis sich kleine Blasen bilden und der Rand leicht trocken wirkt. Den Pfannkuchen mit einem Spachtel wenden, die zweite Seite nur kurz backen. Die fertig gebackenen Pfannkuchen auf einem Teller stapeln und zugedeckt warm stellen.
• Die Pfannkuchen warm servieren. Mit Ahornsirup beträufeln.
• Dazu passt Früchte- oder Beerenkompott.

Süsse Kürbisravioli

Teig:
300 g Dunst oder Teigwarenmehl
2 Eier
1 Eigelb
6–7 EL Eiswasser

Füllung:
350 g Kürbiswürfel (Küchenpraxis Seite 15), z.B. Marina di Chioggia, Jarrahdale, Hubbard, Flat White Boer
50 ml Rahm
2 Äpfel, z.B. Boskoop, geschält, gerieben
2 EL helle Sultaninen
je 2 EL kandiertes Zitronat und Orangeat, fein gehackt
3 Kurpflaumen, entsteint, fein gehackt
30 g Zartbitterschokolade, gerieben
4 harte Amaretti, fein gemahlen
2 EL Puderzucker
2 EL Grappa

Kokosnussfett zum Fritieren
Puderzucker zum Bestäuben

- Für den Teig alle Zutaten zu einem weichen, geschmeidigen Teig zusammenfügen und kneten, bis er elastisch ist. Zu einer Kugel formen, mit etwas Öl bepinseln und zugedeckt bei Raumtemperatur 30 Minuten ruhen lassen.
- Für die Füllung den Kürbis mit dem Rahm zugedeckt weich kochen und pürieren. Die Äpfel direkt dazureiben und alles offen zu einem dicken Mus einkochen. Auskühlen lassen, dann mit den restlichen Zutaten mischen. Zugedeckt beiseite stellen.
- Den Teig vierteln. Mit der Nudelmaschine zu vier langen, möglichst breiten und dünnen Bändern auswallen. In Quadrate oder Rechtecke schneiden (damit es keine Teigreste gibt, die Breite und Länge der Bänder ganz ausnutzen, auch wenn dabei nicht alle Ravioli gleich gross werden). Je eine nussgrosse Portion Füllung in die Mitte geben. Die Ränder mit Wasser bepinseln und den Teig zur Hälfte zusammenschlagen. Die Luft um die Füllung herum mit einem runden Ausstecher (nichtschneidende Seite nach unten) herausdrücken. Die Ränder festdrücken.
- Die Ravioli auf wenig Mehl (am besten Dunst, weil der nicht haften bleibt) ausbreiten. Mit einem Tuch bedecken.
- Kurz vor dem Servieren im 180 Grad heissen Fett ausbacken. Auf Haushaltpapier entfetten. Mit Puderzucker bestäuben und sofort servieren.
- Dazu passt Vanilleglace.

Gut gewürzt

- Für Süsses und Pikantes

Wärmend-harmonisch: Zimt, Ingwer, Kardamom, Sternanis, Muskatnuss, Macis (Muskatblüte), Nelken, Piment (Nelkenpfeffer), Safran.
Wärmend-scharf: Currypasten aller Art, Cayennepfeffer, Pfeffer, Currymischungen, Chili, Senf, Meerrettich, Wasabi, Rucola, Brunnenkresse.
Zitronenzart-lieblich: Zitronengras, Kaffirlimettenblätter, Curryblätter, Vanille.

- Mit Kräutern und Blüten

Anis, Borretsch(blüten), Dill, Gewürzfenchel, Ysop, Basilikum, Bohnenkraut, Oregano, Rosmarin, Salbei, Thymian, Minze, Koriander, roter und grüner Shiso (Perilla), Lavendel, Kapuzinerkresse, Ringelblumen.

- Mit Samen und Nüssen

Sesam: Samen, Öl; Hasel-, Baum- und Pekannüsse: ganz, gemahlen, Öl; Kokosnuss: Milch, Flocken, Öl; Bittermandel: Amaretti, Extrakt.

Crudités und andere Knabbereien

- Rohen Kürbis in Stengel schneiden, zu Dips und Saucen servieren.

- Roh geraffelten Kürbis als Salat oder mit Blattsalaten gemischt servieren.

- Kerne von Kürbisresten und Fasern befreien, trocknen. Im auf 200 Grad vorgeheizten Backofen 10–15 Minuten rösten. Pikant würzen. Aus der Schale brechen oder so essen.

- Kürbiskern-Krokant: 50 g Zucker mit 1 EL Wasser karamelisieren. Mit 100 g Kürbiskernen mischen. Auf Backpapier erkalten lassen. In Stücke brechen. Über Glace, Cremen oder Pies streuen.

Antipasto

- Geröstete Kürbisschnitze oder -scheiben noch warm mit Salz und Pfeffer würzen. Mit Olivenöl und Balsamicoessig beträufeln. Zugedeckt ziehen lassen. Reichlich Basilikum darüber streuen.

- Süss-sauer: 500 g Kürbiswürfel mit gepresstem Knoblauch in Olivenöl rührbraten, bis der Kürbis knapp weich ist. Mit fein geschnittener Minze auf einer Platte anrichten. Je 50 ml Olivenöl und Rotweinessig mit 3 EL Zucker sirupartig einkochen. Heiss über den Kürbis giessen und zugedeckt einige Stunden ziehen lassen.

- Kürbis-Bruschetta: Kürbiswürfel mit Pilzen in Öl rührbraten. Mit Salz, Pfeffer, Rosmarin und Balsamicoessig würzen. Auf gerösteten Brotscheiben oder grillierten Polentascheiben anrichten und mit gehobeltem Pecorino (Schafkäse) bestreuen.

Suppen und Saucengerichte

- Minestrone mit weissen und roten Bohnen, Zwiebeln, Lauch, Kürbiswürfeln (Hubbard), Kartoffeln, Pastinaken und Tomaten zubereiten. Mit Kürbiskernpesto (siehe Dip und Salsa Seite 77) servieren.

- Brotsuppe: 400–600 g Kürbispüree mit Wasser dickflüssig verdünnen, 6–8 ganze Knoblauchzehen und 4–6 Salbeiblätter beifügen. Mit Salz würzen und 20 Minuten köcheln lassen. 2–3 Tassen gewürfeltes Brot beifügen, 5 Minuten ziehen lassen. Mit reichlich Reibkäse servieren.

- Lammragout mit Kürbis, Kichererbsen, Zwiebeln und dunklen Sultaninen zubereiten. Mit gemahlenem Ingwer, Safran und Kurkuma würzen. Zu Couscous servieren.

Püree

- Kartoffelpüree: ⅓ bis ½ der Kartoffeln durch Kürbis ersetzen. Mit Safran, gemahlenem Lorbeer und Muskatnuss würzen.

- Süss-scharf: 500 g Kürbiswürfel mit 1 Birne und 1 gehackten Zwiebel in Butter andünsten, mit wenig Wasser ablöschen und weich kochen. Pürieren. Mit Salz, Pfeffer und Zimt abschmecken. Passt zu Wild und Geflügel.

- Kürbispüree zum Andicken von Bratensaucen verwenden.

- Kürbis-Segen: Püree nature in Portionen einfrieren. 6 Monate haltbar. Für Suppen, Pies usw. verwenden.

Chips, Fritto misto und Tempura

- Kürbis, z.B. Butternut, in hauchdünne Scheiben hobeln. Salzen, beschweren und Saft ziehen lassen. Im 180 Grad heissen Kokosfett knusprig ausbacken. Auf Haushaltpapier entfetten. Würzen und warm servieren.

- Kürbiswürfel oder -schnitze im Ausbackteig wenden und fritieren.

Dip und Salsa

- 300 g Kürbispüree mit 1 durchgepressten Knoblauchzehe, 1 TL Meersalz, je 3 EL Zitronensaft und Tahini (Sesampaste) mischen. Mit Krachsalat und Pain libanais oder Pitabrot servieren.

- Pesto mit Kürbiskernen statt mit Pinienkernen zubereiten.

Burger und Puffer

- 600 g Risottoreste mit 250 g roh geraffeltem Kürbis, 150 g Mozzarellawürfeln und 50 g geriebenem Parmesan mischen. Burger formen, in Ei und Brotbröseln panieren und unter Wenden langsam braten.

- 400 g Kürbispüree mit 150 g gekochten, pürierten Kichererbsen oder roten Linsen, 150 g feinem Burghul und 75–100 g Dunst oder Teigwarenmehl zu einem formbaren Teig mischen. Mit 1 fein geriebenen rohen Zwiebel, gemahlenem Zimt, Piment (Nelkenpfeffer), Pfeffer und Salz abschmecken. Zugedeckt 40 Minuten stehen lassen. Mit nassen Händen Bällchen formen. Im 180 Grad heissen Fett golden ausbacken.

- Festfleischigen Kürbis, z.B. Hubbard, raffeln, trocknen und würzen. Verquirltes Ei esslöffelweise beifügen, bis die Masse zusammenhält. In Portionen unter Wenden langsam braten.

Geliebter Gratin

- Von einem ganzen Kürbis im oberen Drittel einen Keil herausschneiden. Nur die Kerne samt Fasern entfernen (Küchenpraxis Seite 15). Das Loch mit einer Mischung von geriebenem Greyerzer, Rahm, Salz, Pfeffer und Muskatnuss füllen. In der Mitte des auf 200 Grad vorgeheizten Backofens weich schmoren. Zum Servieren jeweils etwas Käsemasse mit einer Portion Kürbis von der Schale lösen.

• Für süsse Schleckmäuler: Das Loch mit einer Mischung von Rahm, Honig und Gewürzen, wie gemahlenem Zimt, Ingwer, Kardamom oder nur Vanille, füllen.

Zuckersüss oder fruchtig-frisch

• Es vertragen sich gut mit Kürbis: Melasse, Honig, Ahornsirup, Rohzucker, Palmzucker, kandierte Früchte.

• Ca. 1 kg Kürbispüree mit 500 g Zucker, 250 g Puderzucker, 125 ml Glukosesirup, 25 g Geliermittel und 1 EL Zitronensaft dick einkochen lassen (115 Grad auf dem Zuckerthermometer). 2,5 cm dick ausstreichen und erkalten lassen. In Würfel schneiden und in Zucker wenden.

• Brombeeren, Heidelbeeren oder Preiselbeeren (Cranberries) passen gut zu Kürbis: Kürbis in Vanille-Zuckersirup weich pochieren. Eiskalt mit Beeren servieren.

Rezeptverzeichnis

Ideen à la carte